Pferde

Von edlen Rassen
 und wilden Reitern

Pferde
Von edlen Rassen und wilden Reitern

von Gabriele Metz

KOSMOS

PFERDE

Inhalt

6–7	**RÖMISCHE WAGENRENNEN** Nichts für schwache Nerven
8–11	**RITTER** Mutige Ritter und mächtige Rösser
12–17	**BUFFALO BILL** Der Wilde Westen
18–23	**BOGENSCHIESSEN** Zielsicher ins »Schwarze«
24–27	**POLO** Rasant und Nobel
28–33	**SAX ARABIANS** Einfach edel
34–35	**REKORDE UND KURIOSES** Kurz gemeldet

Von edlen Rassen und wilden Reitern

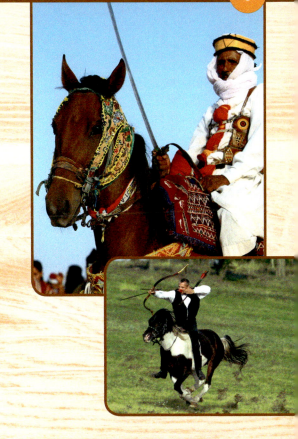

36–37 MANEGE FREI!
Mit Pferdedressur fing alles an

38–43 PFERDEFLÜSTERER
Alles ohne Gewalt

44–47 SCHLAFLOS IN DER SAHARA
Der Zauber von Wüstenpferden

48–49 KINDER UND PFERDE
Freundschaft ohne Grenzen

50–55 INS MAUL GESCHAUT
Besuch beim Pferdezahnarzt

56–61 PFERDERASSEN
Schön sind sie alle!

62 INDEX

64 AUTORENPORTRÄT, BILDNACHWEIS, IMPRESSUM

PFERDE

→ RÖMER

Das Römische Reich (lateinisch: Imperium Romanum) bestand fast 1.200 Jahre – vom 6. Jahrhundert v. Chr. bis zum 6. Jahrhundert n. Chr. Erst war es König-, dann Kaiserreich. Zu seiner mächtigsten Zeit erstreckte sich das Imperium Romanum über drei Kontinente: Europa, Asien und Afrika.

Das erste Wagenrennen wird 720 v. Chr. im griechischen Epos Ilias beschrieben. Aber auch heute gibt es rasante Wagenrennen zu bewundern, zum Beispiel auf der Pferdemesse Fieracavalli in Verona.

In der Arena der italienischen Stadt Verona fanden ebenfalls Wagenrennen und Gladiatorenkämpfe statt. Bis zu 30.000 begeisterte Zuschauer feuerten ihre Lieblingsteams an. Heute werden in den Überresten der Arena Opern aufgeführt.

Der Circus Maximus war 600 Meter lang und 200 Meter breit. Er gewann an Bedeutung als 329 v. Chr. die mächtige Stallanlage errichtet wurde.

Römische Wagenrennen – Nichts für schwache Nerven

Rasante Wagenrennen haben Menschen schon früh in ihren Bann gezogen. Die berühmtesten waren die mörderischen Rennen im Circus Maximus, der größten Zirkusarena des Alten Roms. Die Wagenlenker spielten mit ihrem Leben und mit dem ihrer Pferde. Doch wer gewann, wurde richtig reich.

Vier heißblütige Rösser: Zwei bis vier Pferde wurden vor die Wagen gespannt. Erfahrene Wagenlenker spannten ihr bestes Pferd immer innen an. Also auf der Seite, die der Mitte der Rennbahn zugewandt ist.

← ← ←

Warum? Weil das innen laufende Pferd in einer Kurve am stärksten aus dem Gleichgewicht gebracht wird. Ein gutes Pferd kann das ausgleichen, während ein ungeübtes möglicherweise stürzt.

Gefeierte Stars – Erfolgreiche Wagenlenker wurden gefeiert wie Popstars. Und sie verdienten ähnlich viel Geld. Einer der berühmtesten Wagenlenker war Appuleios Diokles. Er gewann im 2. Jahrhundert n. Chr. fast 1.500 Rennen. Als 40-Jähriger war er Multimillionär und setzte sich zur Ruhe.

Die anfeuernden Schreie der Zuschauer sind ohrenbetäubend. Wie Trommelwirbel prasseln die Hufe der Wagenpferde auf den Arenaboden. Die Wagenlenker gleichen mit federnden Knien die engen Kurven aus. Die Leinen, mit denen sie die pfeilschnellen Pferde kontrollieren, haben sie fest um die Arme gewickelt. Manche zügeln die Pferde mit vollem Körpereinsatz. Sie schlingen sich die Leinen um den Körper.

✶ TÖDLICHES ABENTEUER

Lebensgefährlich! Das bekommt ein Wagenlenker zu spüren, der in einer Kurve abgedrängt wird. Seine Pferde straucheln; und der Wagen kippt. Schon wird der Waghalsige zu Boden geworfen und über den Sand geschliffen. Ein Abenteuer, das oft tödlich ausgeht. Wer Glück hat, schafft es, sich mit einem Messer loszuschneiden. Nicht einfach, wenn man von vier galoppierenden Pferden über den Boden gezogen wird. Doch was uns das Blut in den Adern gefrieren lässt, peitscht das römische Publikum nur noch mehr an. Man will Blut sehen im Circus Maximus!

✶ REICHE SIEGER

Über 200.000 Menschen zieht die lang gestreckte Arena mit den großen Stallungen an. 240 Tage pro Jahr wird hier gefeiert, gewettet und getötet. Gladiatorenkämpfe, Tierhetzen und Wagenrennen unterhalten die Masse und verhelfen den römischen Kaisern zu Ruhm und Ehre. Und auch den Wagenlenkern. Die besten unter ihnen verdienen bei den Rennen ein Vermögen.

Vier Rennställe bestreiten die lebensgefährlichen Wagenrennen: die Grünen, die Blauen, die Weißen und die Roten. Sieben Mal müssen die Verwegenen mit ihren Gespannen die Arena umrunden. Meistens gegen den Uhrzeigersinn. In der Mitte des Circus Maximus ist ein Streifen, der nicht befahren werden darf: die Spina. Dort steht ein Gestell, mit sieben Holzeiern. Später sind es Delfine aus Marmor. Nach jeder Runde senkt sich ein Ei oder ein Delfin ab.

8 PFERDE

Reiche Adlige konnten sich aufwendig verzierte Harnische leisten. Diese waren bunter als die gewöhnlichen Feldharnische, mit denen man in den Krieg zog. Die Metallplatten des Panzers bildeten zum Teil eingravierte Kampfszenen ab. Es gab auch Kopfhelme, deren Vorderseite kein einfaches Scharnier, sondern eine Furcht einflößende Fratze zeigte.

Im Mittelalter hatte jede adelige Familie ein eigenes Wappen. Und das trugen die Ritter stolz zur Schau, wenn sie zum Turnier oder in den Krieg zogen. Damit zeigten die mutigen Panzerreiter, dass es ihnen nicht nur um persönliche Ehren ging, sondern um die Ehre des gesamten Geschlechts.

→ DESTRIERS

Ritterpferde, die im Kampf geritten wurden, hießen Schlacht- oder Streitrösser. Sie waren schwer gebaut und nervenstark. Man nannte sie Destriers (ausgesprochen: destrije).

Ritter 9

Um Leben und Tod ging es zwar nicht bei den Ritterturnieren, aber gefährlich waren sie trotzdem. Als Training für den Ernstfall gedacht, wurden die spektakulären Kämpfe schnell zu Zuschauermagneten.

Mutige Ritter und mächtige Rösser

10 PFERDE

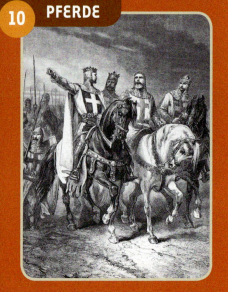

Ritter genossen im Mittelalter ein hohes Ansehen. Viele waren adelig und somit auch nicht unvermögend. Dennoch zogen sie in den Krieg, um ihr Land zu schützen und das Christentum gegen die Ungläubigen zu verteidigen. Tausende von Rittern strömten mit den Kreuzzügen ins Heilige Land, um dort die Sarazenen zu bekämpfen. Als Sarazenen bezeichnete man früher Moslems.

Bis zu 200 Kilogramm konnte eine Rüstung wiegen. Um dieses Gewicht zusätzlich zum Reiter zu tragen, bedurfte es kräftiger Pferde. Manchen Rittern wurde ihre Rüstung jedoch auch zum Verhängnis. Wenn sie stürzten, konnten sie sich im Kriegsgetümmel nicht aus ihr befreien, um aufzustehen. Deshalb wurden im Spätmittelalter Rüstungen entwickelt, die aus vielen Einzelteilen bestanden.

Der Boden bebt. Zwei Reiterheere preschen im Galopp aufeinander zu. Die Ritter, die vorne reiten, senken ihre Lanzen. Krachend treffen die langen Waffen auf die Rüstungen der Gegner. Der Aufprall ist gewaltig. Reiter werden aus Sätteln geschleudert und stürzen. Die Schlacht tobt weiter, bis nur noch der Sieger triumphierend auf seinem Ross thront.

✱ NUR EIN SPIEL

Diese überwältigende Szene ist nur ein Spiel. Wenn auch eines für mutige Männer. Es ist die frühe Form des mittelalterlichen Ritterturniers – Buhurt genannt. Später wird das Massenspektakel von der Tjost, einem Zweikampf, abgelöst. Hierbei galoppieren zwei Ritter aufeinander zu und versuchen, sich mit einer Lanze gegenseitig vom Pferd zu stoßen. Danach folgt ein Schwertkampf. Damit die Pferde nicht aufeinanderprallen, verläuft zwischen den beiden Galoppbahnen eine mittelhohe Trennwand (Tilt). Für die Ritter steht einiges auf dem Spiel. Zwar nicht ihr Leben, denn das soll bei einem Turnier möglichst nicht enden, dafür aber Rüstung und Pferd. Beides steht dem Sieger des Zweikampfs zu.

✱ TRAINING FÜR DEN ERNSTFALL

Buhurt und Tjost dienten dem Kampftraining der Ritter. Angriffstechnik und Reaktionsvermögen sollten für den Ernstfall geschult werden. Der Adel fand Gefallen an dem turbulenten Treiben. Man organisierte Turniere, in denen Ritter und Rösser ihr Können zeigten. Wurden die Massenkämpfe noch auf dem freien Feld ausgetragen, richtete der Adel die Zweikämpfe auf städtischen Plätzen aus. So konnten noch mehr Zuschauer zusehen. Die Teilnehmer waren ausschließlich von adeliger Herkunft. Die Ritter reisten mit drei Pferden zum Turnier an. Auf einem saßen sie selbst, das zweite schleppte die schwere Rüstung, das dritte war ein besonders mächtiges Ross, das für den Kriegseinsatz vorgesehen war. Edelknechte – das waren Adlige, die noch nicht zum Ritter geschlagen waren – durften nur zwei Pferde besitzen. Spiel hin oder her: Ritterturniere waren gefährlich. Viele »Panzerreiter« verletzten sich, und manche starben auch beim Sturz vom Pferd. Deshalb wurden diese Zweikämpfe immer wieder verboten. Doch es gab sie bis zur zweiten Hälfte des 16. Jahrhunderts.

✱ GEPANZERTE PFERDE

Die gepanzerten Reiter waren sowohl auf Spielen präsent als auch als Kriegsritter. Und dafür mussten Mensch und Tier gerüstet sein. Nicht nur Ritter schützten ihre Körper mit Rüstungen. Auch die Pferde steckten in einem Panzer, dem Rossharnisch. Fast ihr gesamter Körper wurde ab dem 13. Jahrhundert von beweglichen Metallplatten geschützt – mit einer Ausnahme: die Beine der Pferde. Das nutzten ihre Gegner aus. Sie setzten Ross-Schinder, Vorläufer der Hellebarden ein, um die Sehnen der Streitrösser mit einem gezielten Hieb zu durchtrennen. Wenn das gelang, stürzte der Ritter zu Boden und musste dort um sein Leben kämpfen.

Ritter

Auf Ritterturnieren konnten die »Panzerreiter« zeigen, wer von ihnen der beste Kämpfer war. Es soll Ritter gegeben haben, die von einem Turnier zum nächsten zogen, um möglichst viele Siegesprämien einzuheimsen.

→ TJOST

Die Tjost war ein Zweikampf, bei dem jeder Ritter versuchte, seinen Gegner mit einem gezielten Lanzenstoß aus dem Sattel zu schleudern. Gelang dies, folgte ein Schwertkampf, der die Entscheidung brachte.

Ein Rossharnisch wog zwischen 20 und 30 Kilogramm. Im frühen Mittelalter wurden Pferde durch Kettengeflechte geschützt. Später setzten sich bewegliche Metallplatten durch.

12 PFERDE

→ **DER WILDE WESTEN**

Der Wilde Westen war im 19. Jahrhundert in aller Munde. Er bezeichnete das Gebiet der USA, das heute westlich des Flusses Mississippi liegt. Damals war dieser Teil noch nicht in Bundesstaaten eingeteilt.

Der Wilde Westen

Buffalo Bill 13

»Buffalo Bill's Wild West« – dieses Showplakat ging um die Welt. Denn die verwegenen Westernhelden traten nicht nur in ihrem Heimatland Amerika, sondern auch in Europa auf und zogen tausende von Zuschauern an.

Furchtlose Männer auf wild bockenden Pferden, bunt bemalte Indianer auf dem Kriegspfad – Meisterschützen und atemberaubende Kunststücke gehörten zur berühmten Wildwestshow, die Buffalo Bill rund um den Globus berühmt machte.
William Frederick Cody (1846–1917) – wie Buffalo Bill mit bürgerlichem Namen hieß – ist seit fast 100 Jahren tot. Doch der Kult um diesen Mann ist ungebrochen.

14 PFERDE

→ **CALAMITY JANE (1852–1903)**

Calamity Jane setzte sich in der rauen Männerwelt des Wilden Westens durch. 1893 trat sie in der Buffalo Bill Wildwestshow als Kunstreiterin und Revolverheldin auf.

→ **SITTING BULL (1831–1890)**

Sitting Bull war Stammeshäuptling und Medizinmann der Sioux-Indianer. 1885 trat er in der Buffalo Bill Wildwestshow auf.

Es ist nicht übertrieben, Buffalo Bill als Wildweststar zu bezeichnen. Der in Iowa geborene Pferdekenner arbeitete schon im Alter von zwölf Jahren auf dem Zug nach Fort Laramie. Mit 13 war er dabei, als Gold tausende von Männern nach Colorado lockte. Mit 15 gehörte er zu den schnellsten Pony-Express-Reitern des Kontinents. Es folgte eine Karriere bei der amerikanischen Armee. Er verdiente seinen Lebensunterhalt als Büffeljäger, begleitete den russischen Zaren Alexis bei der Büffeljagd und erlangte schließlich so viel Berühmtheit, dass es für ihn ein Leichtes war, echte Helden des Wilden Westens in einer Showtruppe zu vereinen. Keine Geringeren als James Butler »Wild Bill« Hickok und Texas Jack waren dabei, als die Wildwestshow 1883 startete.

✱ SHOW, MUSIK, PROMINENTE

Was Buffalo Bill damals auf die Beine stellte, können sich Eventmanager noch heute zum Vorbild nehmen. In Zeiten, in denen es kein Fernsehen, kein Internet und keine coolen Radiosender gab, gelang es dem vielseitigen Amerikaner, zu einem weltweit gefeierten Star des Wilden Westens zu werden. Paris, Berlin und das britische Königshaus sind nur einige Stationen, an denen die hunderte von Darstellern zählende Truppe für donnernden Applaus sorgte. Etwa 30 Jahre lang tourte Buffalo Bills Show um die Welt. Die Wildwestshow zeigte Szenen aus dem Leben der Cowboys und Indianer. Trickreiter und Shootisten – auch als Revolverhelden bekannt – ließen den Atem der Zuschauer stocken. Aber auch die Buffalo Bill Cowboy Band hatte viele Fans. So war beispielsweise Sitting Bull mit von der Partie, als es galt, den »Wilden Westen« zu den Menschen zu bringen, die ihn nicht selbst erlebt hatten.

✱ SITTING BULL

Der Sioux-Häuptling Tatanka Yotanka (1834–1890) ging als »Sitting Bull« in die Geschichte ein. Wenn man seine Vorgeschichte kennt, ist es schier unglaublich, dass er später in der Wildwestshow zu sehen war. Sitting Bull zog mit seinem Stamm in den Kampf, als die amerikanische Regierung sein Land besetzte und die Indianer zwingen wollte, in Reservate umzusiedeln. Im Juni 1876 kam es zur Schlacht am »Little Bighorn«. Die Indianer besiegten Oberstleutnant George Armstrong Custer und seine Männer. Danach verfolgte die US-Armee Sitting Bull unerbittlich. Der brachte sich in Kanada in Sicherheit. Nachdem man ihm Straffreiheit zugesichert hatte, kehrte er zurück. Die Weißen vergriffen sich aber wieder an dem Land, das eigentlich den Indianern zugesprochen worden war. Da Sitting Bull mit Gegenwehr drohte, bot ihm die US-Regierung an, dass er Buffalo Bill begleiten könnte. Der Häuptling willigte ein, kehrte aber 1889 wieder ins Reservat zurück. Es gab erneut Ärger, und so beschloss man, den Häuptling zu verhaften. Bei seiner Festnahme kam es zu Widerstand und die Soldaten erschossen den stolzen Mann, der zu den Hauptattraktionen der Wildwestshow gehört hatte.

Buffalo Bill 15

→ BUFFALO BILL (1846–1917)

Buffalo Bill war nicht nur ein erfolgreicher Geschäftsmann, sondern auch ganz schön eitel. Der passionierte Reiter wusste genau, wie man sich am vorteilhaftesten präsentiert. Auch sein Sattel- und Zaumzeug mussten vom Feinsten sein. Wertvolle Verzierungen durften ebenso wenig fehlen, wie der Namenszug des Reiters.

Buffalo Bills Wildwestshow beflügelt noch immer die Phantasie. Showreiter treten in seine Fußstapfen und lassen das kunterbunte Spektakel wieder neu aufleben. Indianer, Clowns, Revolverhelden – dem Publikum wurde einiges geboten. Allerdings waren die Akteure damals keine Schauspieler, sondern echt.

Büffel nahmen eine zentrale Rolle im Leben Buffalo Bills ein. Es gab Kopfgeld für jeden erschossenen Büffel, da die Farmer das Weideland für ihre Rinder nutzen wollten. Außerdem organisierte er Büffeljagden für reiche Jäger.

16 PFERDE

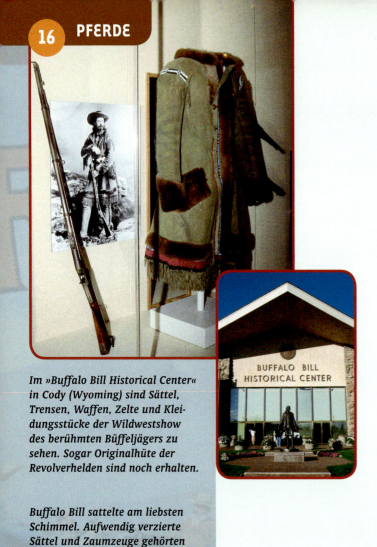

Im »Buffalo Bill Historical Center« in Cody (Wyoming) sind Sättel, Trensen, Waffen, Zelte und Kleidungsstücke der Wildwestshow des berühmten Büffeljägers zu sehen. Sogar Originalhüte der Revolverhelden sind noch erhalten.

Buffalo Bill sattelte am liebsten Schimmel. Aufwendig verzierte Sättel und Zaumzeuge gehörten natürlich auch zum perfekten Showbild. Die Orginaltrense Buffalo Bills ist über und über mit Muscheln besetzt.

✶ DIE LEGENDE BUFFALO BILL

Zu Beginn des 20. Jahrhunderts war Buffalo Bill wohl der berühmteste Amerikaner der Welt. Der Schriftsteller Mark Twain zählte zu seinen Freunden, Politiker erbaten seinen Rat. Das Militär überhäufte ihn mit allen erdenklichen Ehren. William F. Cody war ein Star, der in Europa als Idealbild des Wilden Westens galt. Und auch heute noch ist Buffalo Bill eine Legende. Eine, die man sogar noch treffen kann. Zumindest das, was von ihr übriggeblieben ist: Mit dem Auto sind es höchstens 30 Minuten von Denver bis zu seinem Grab. Die Autobahn »Interstate 70« führt zum Ziel kühnster Wildwestträume. Man muss nur dem Schild »Buffalo Bill Grave« an der Ausfahrt 256 folgen. Helle, übereinandergeschichtete Steine und dunkle Grabplatten mit Aufschrift erinnern an den ehemaligen Pony-Express-Reiter, Scout und Goldgräber. In goldenen Lettern glitzert der Name in der Morgensonne. Es war William F. Codys persönlicher Wunsch, nach seinem Tod auf dem wunderschönen Berg »Lookout Mountain« beerdigt zu werden. Von hier aus hat man einen atemberaubenden Blick über eine weitläufige Landschaft, die Great Plains, und die gewaltige Bergkette der Rocky Mountains. Und über allem schwebt der würzige Duft von Nadelbäumen. → → →

✶ ORIGINALKLEIDUNG

Auch ein Besuch des in der Nähe liegenden Museums lohnt sich. Da hängen Buffalo Bills aufwendig bestickte Showoutfits, als ob er sie gerade erst abgelegt hätte. In einem anderen Schaukasten liegen Sitting Bulls Pfeil und Bogen. Auch das Städtchen Cody im Staat Wyoming ist ein Muss für Fans des berühmten Showmans. Nicht nur, dass Buffalo Bill die Stadt gründete und das legendäre »Irma Hotel« baute, in dem sich eine von der englischen Königin Queen Victoria geschenkte Bar aus teurem Mahagoniholz befindet. In Cody ist auch das »Buffalo Bill Historical Center«, ein Museum für Zeitgeschichte, das wertvolle Sättel, mit Muscheln besetzte Trensen und anderes Equipment aus der Wildwestshow ausstellt.

Buffalo Bill 17

Tausende von Menschen pilgern jährlich zum Grab Buffalo Bills. Und es ist genau an der Stelle, die Buffalo Bill ausgewählt hatte.

→ **COWBOYS**

Cowboy bedeutet Kuhjunge. So nannte man die Viehhirten zur Zeit des Wilden Westens. Viele dieser Cowboys kamen aus Afrika und waren farbig. Cowboys mussten gute Reiter sein.

Pferde hatten im Wilden Westen viele Aufgaben. Sie zogen die Planwagen der Siedler, transportieren die Post des Pony Expresses, schufteten auf Farmen und schleppten die schweren Säcke der Goldgräber.

18 PFERDE

Sattelfest – auch ohne Sattel. Und dabei noch ins Schwarze treffen? Kein Problem für geübte Bogenschützen. Höchste Konzentration und ein exzellenter Gleichgewichtssinn zeichnen diese wilden Reiter aus.

Bogenschießen **19**

 AUSRÜSTUNG

Was braucht man zum Bogenschießen? Pfeil und Bogen, Pferd und Zielscheibe natürlich. Aber das reicht nicht. Wer ins Schwarze treffen möchte, muss über Gleichgewichtssinn und Konzentrationsvermögen verfügen.

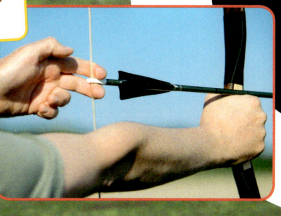

Bogenschießen
Zielsicher ins »Schwarze«

Bogenschießen hat in Ungarn Tradition. Nicht nur, dass der weltberühmte Bogenschütze Kassai (ausgesprochen: Koschoi) im Land des Reitervolkes Hunnen-Traditionen aufleben lässt, es gibt auch viele andere Ungarn, die sich elegant auf den blanken Rücken ihrer Pferde schwingen und mit Pfeil und Bogen so sicher umgehen wie andere mit dem Kugelschreiber. Zu ihnen gehören die eineiigen Zwillinge István und László Stadler. Sie leben auf einem abgelegenen Gehöft in Bezzegpuszta und sind nicht nur spektakulär zielsicher, die Zwillinge züchten auch noch wunderschöne Welsh Ponys.

20 PFERDE

Die beiden ungarischen Zwillinge ähneln sich wie ein Ei dem anderen. Allerdings ist der eine Rechtshänder und der andere Linkshänder. Wenn es jedoch um ihr Lieblingshobby geht, kennen beide nur einen Sport: Bogenschießen.

→ **PINTOS**

Pintos sind gescheckte Pferde. Meistens sind sie schwarz-weiß oder braun-weiß gescheckt. Es gibt auch dreifarbige Schecken.

Es ist sieben Uhr morgens. Die ersten Sonnenstrahlen durchbrechen den Frühdunst und tauchen die ungarische Tiefebene in ein sanftes Licht. Die Luft ist klar und frisch. Optimale Voraussetzungen für einen kleinen Spaziergang vor dem Frühstück, doch heute steht kein gemütlicher Tagesbeginn auf dem Programm. Rasante Action ist angesagt und in wenigen Minuten wird hier der Boden unter den trommelnden Hufen spritziger Pinto Ponys beben.

✳ UNGEWÖHNLICHER FRÜHSPORT

István und László sind seit fünf Uhr auf den Beinen. Da kommen sie auch schon und strahlen voller Vorfreude aus jedem Knopfloch. Das Zwillingspärchen, das sich wie ein Ei dem anderen gleicht, betreibt einen ziemlich ungewöhnlichen Frühsport. Die beiden sind keine Jogger oder Inlineskater, sondern berittene Bogenschützen und schwingen sich am liebsten auf den bloßen Rücken temperamentvoller Pferde. Im Handumdrehen sind die Ponys gestriegelt und aufgetrenst. Sie schnauben ungeduldig und tänzeln aufgeregt aus ihren Boxen. Die Zwillinge überprüfen Pfeil und Bogen, die von keinem Geringeren als dem ungarischen Meisterbogenschützen Kassai gefertigt wurden. »Dieser Bogen ist sehr wertvoll«, verrät einer der beiden, während er bewundernd seine Finger über die edel glänzende Verziehrung gleiten lässt.

✳ SCHARFE GESCHOSSE

Schon sitzen István und László auf dem Rücken ihrer Pferde, schultern stolz die traditionellen Waffen der alten Hunnen und reiten Seite an Seite in die Morgensonne. In der Ferne zeichnen sich zwei gelb leuchtende Strohrundballen vor dem Horizont ab. An ihnen sind kleine Zielscheiben befestigt, die es gleich aus dem vollen Galopp heraus zu treffen gilt. Zuvor werden die Ponys sorgfältig warm geritten. Die Zwillinge lieben ihre temperamentvollen Pintos über alles und wollen keine Sehnenzerrungen riskieren. Nun ist es so weit. István, der außer Ungarisch auch fließend Englisch spricht und Rechtshänder ist, postiert sich zur Linken, während »Gegenstück« László, der die deutsche Sprache beherrscht und Linkshänder ist, zur Rechten der Rundballen in Stellung geht. Jetzt preschen die beiden los. Die Pintos rammen ihre kräftigen Beine in den Boden und erreichen

Bogenschießen

Lajos Kassai versteht sich nicht nur auf die Kunst des Bogenschießens, sondern auch auf die Herstellung von Bögen und Sätteln. Er betreibt eine eigene Werkstatt mit mehreren Angestellten, die in feinster Handarbeit Bögen herstellen. Es gibt viele verschiedene Bögen, die unterschiedlich geformt und leichter oder schwerer sind.

Er ist das große Vorbild der Zwillinge: Lajos Kassai gilt als einer der besten Bogenschützen der Welt. 2006 wurde er Weltmeister im berittenen Bogenschießen. Seine Karriere begann vor vielen Jahren – ohne Pferd. Er stieg erst in den Sattel, nachdem er das Bogenschießen am Boden perfekt beherrschte.

PFERDE

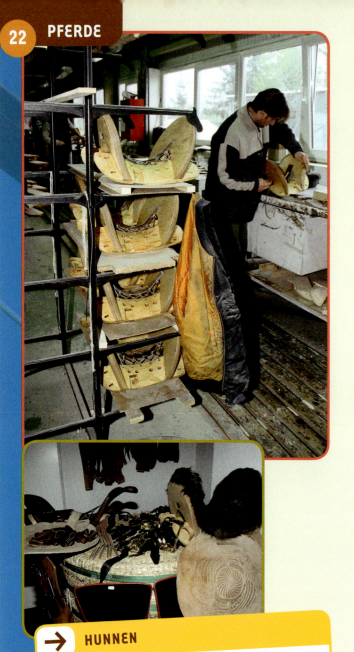

→ **HUNNEN**

Die Hunnen galten als hervorragende Reiter und Bogenschützen. Die besten trugen ihr Haar in Zöpfen, die sie mit bunten Bändern schmückten. Starb ein Hunne, legte man ihm sein Sattelzeug mit ins Grab.

Beide Bilder oben: Spezielle Sättel werden in der Werkstatt des Weltmeisters Lajos Kassai gefertigt. Die Sattelbäume (das Innenleben des Sattels) sind aus Holz. Die Sättel der Bogenschützen haben nicht viel mit modernen Sätteln zu tun. Ihr Ursprung liegt viel weiter zurück – bei den Hunnen. Lajos Kassai orientiert sich an den Sattelmodellen des Nomadenvolkes, die man heute nur noch in Museen sieht.

innerhalb weniger Sekunden Höchstgeschwindigkeit. Die Zwillinge thronen fast regungslos auf ihren Rücken, haben nun die Zügel aus den Händen gleiten lassen und ziehen mit einer Hand Pfeile aus dem Köcher. Der Bogen ist gespannt, vier stahlblaue Augen fixieren das Ziel, die Pfeile durchschneiden die Luft und treffen haargenau ins Schwarze. Doch damit nicht genug. Wieder sind die Bogen gespannt und abermals sausen die scharfen Geschosse durch die klare Morgenluft. István und László haben wieder getroffen. An guten Tagen treffen sie beim Vorbeigaloppieren gleich drei- bis fünfmal das Ziel. Nun reißen beide die Arme hoch, jubeln laut und voller Lebensfreude. Bogenschießen ist ihre größte Passion. Doch das 500 Hektar große Gehöft mit all seinen Tieren bietet noch Raum für zahlreiche weitere Leidenschaften.

* PONYS MIT PEPP

»A« sind die kleinsten Welsh Ponys, die als frei lebende Herde auf dem Gelände umherziehen. »Die hat unsere Familie vom ungarischen Staat übernommen, der sie in den 70er-Jahren des 20. Jahrhunderts aus England importierte. Damals waren es nur zwölf Tiere, inzwischen ist die Zucht erfolgreich vorangeschritten«, erzählen die Zwillinge und blicken lächelnd auf eine mindestens 40 Ponys zählende Herde. Ein kleiner schwarzer Hengst ist der Liebling der beiden und aller Kinder, weil er neben »Kompliment (Verbeugung)« und »Hinsetzen« auch noch den »Spanischen Schritt« und viele andere lustige Kunststücke beherrscht. Die Welsh-Zucht der Familie Stadler gilt als einzigartig in Ungarn und lockt immer wieder Gäste an, die in Kutschen die reizvolle Landschaft von Bezzegpuszta bewundern.

* REISE IN DIE VERGANGENHEIT

»Anschließend stärken sich Besucher in unserem umgebauten Schafstall, wo es hausgemachtes Schafpörkölt (eine Art Gulasch aus Schaffleisch) und andere ungarische Leckereien gibt«, verraten die Zwillinge, die sich hervorragend auf die Herstellung ungarischer Salami verstehen. Ein Spaziergang über das Gehöft gleicht einer Zeitreise. Hier trifft man auf viele alte Haustierrassen, die teilweise vom Aussterben bedroht sind, und darf sogar bei der Fütterung der Zackel-Schafe und Mongolitza-Schweine helfen.

Bogenschießen 23

→ **JURTE**

Eine Jurte ist die traditionelle Behausung von Nomadenvölkern – also Menschengruppen, die ständig umherwandern. Jurten sind praktisch, weil man sie relativ schnell auf- und abbauen kann.

Mongolitza-Schweine

Die Zwillinge haben ein Herz für alte Haustierrassen wie die typisch ungarischen Zackel-Schafe. Aber sie pflegen noch eine andere Leidenschaft: Welsh Ponys. Die stammen zwar ursprünglich aus England und nicht aus Ungarn, wurden der Familie aber schon vor langer Zeit vom Staat vermacht. Also wird die Zucht fortgesetzt. Die flinken Ponys haben viel Temperament und lassen sich auch zu Bogenschützen-Pferden ausbilden.

Polo – Rasant und Nobel

→ HANDICAP

Jeder Polospieler kann ein Handicap (persönliche Leistung) vorweisen. Es beginnt bei Anfängern bei –2 und kann auf +10 gesteigert werden, was einem Weltklasseniveau entspricht.

Der Schweif wird fachmännisch hochgebunden, damit sich kein Schläger darin verfangen kann.

Die Beine des Pferdes werden durch Bandagen geschützt.

Der weiße Poloball wiegt circa 130 Gramm und hat einen Durchmesser von 7,5 Zentimetern. Er besteht meistens aus gepresstem Kunststoff – früher war er aus Holz.

Polosport hat Tradition und wird immer beliebter. Viele Menschen fühlen sich von dem schwierigen Spiel, das reiterliches Können, Geschick und Technik erfordert, angezogen. Dreiviertel aller Poloponys stammen aus Argentinien. In der ersten Hälfte des 20. Jahrhunderts kamen vor allem Criollos, mittelgroße, zähe Ranchpferde mit einer erstaunlichen Beschleunigungskraft, im Polosport zum Einsatz. Seit circa 1990 gibt es vermehrt Einkreuzungen von Englischen Vollblütern.

Polo 25

Ein Helm und möglichst noch ein Gesichtsgitter schützen den Kopf des Reiters.

✱ ARGENTINIEN – HEIMAT DES POLOSPORTS

Argentinien ist die Heimat des bereits vor 2.500 Jahren erfundenen Mannschaftsspiels, das im 19. Jahrhundert von britischen Kolonialisten wieder neu belebt wurde. Der Ursprung des rasanten Spiels ist auf den tausende von Hektar messenden Farmen (Estancias) zu suchen, deren reiche, aber bisweilen gelangweilte Besitzer einem Spiel frönten, bei dem Pferde – unentbehrliche Partner der täglichen Arbeit – zum Einsatz kamen.

Die europäischen Poloturniere mögen zwar noch so spektakulär sein, aber sie werden laut Profimeinung von jedem Spiel in Argentinien übertroffen. Dort ist Polo nach wie vor der unbestrittene Nationalsport. Ganze Familien widmen sich dem Polofieber und hoffen, dass die alte Tradition auch in den folgenden Generationen bewahrt wird. Allerdings glänzt Argentinien nicht nur mit hervorragenden Pferden, sondern auch mit Weltklassespielern. Allein die legendäre »Heguy-Familie« stellt zwei der erfolgreichsten Mannschaften der Welt: die berühmte »Indios Chapaleufù I« und die nicht minder bedeutende »Indios Chapaleufù II«.

26 PFERDE

Polo ist nicht ungefährlich. Deshalb wird der Kopf des Reiters von einem Helm geschützt.

Leichte Sättel ohne Kniepauschen und ein zweifach geführter Zügel mit Hebel- und Stützzügel verbessern die Steuerfähigkeit und das Gleichgewicht des Pferdes. Ein Vorgeschirr und Stützzügel sollen den Halt des Reiters auch bei rasanten Richtungsänderungen und Stopps gewährleisten.

Knieschoner sollen Verletzungen im Beinbereich vorbeugen.

Ein Polospiel wird von zwei Schiedsrichtern auf Pferden (so genannten Umpires – ausgesprochen: ampeiers) oder einem »Professional-Schiedsrichter« geleitet. Strittige Situationen werden vom »Third Man« (= dritter Mann) am Spielfeldrand entschieden.

→ POLO

Ein klassischer Poloplatz ist 182 Meter breit und 274 Meter lang. Kleinere Plätze sind übersichtlicher für die Zuschauer. Die Polotore, in die der Ball geschlagen werden soll, sind nach oben offen und mit Pfosten markiert. Sie sind 7,3 Meter breit.

Polo | 27

»Mallet« (ausgesprochen: Mallee), ein Schlagstock von rund 1,50 Meter Länge, der aus Bambus besteht und mit einer hölzernen »Zigarre« versehen ist, die die eigentliche Schlageinheit bildet.

Heute ist Argentinien in Bezug auf den Polosport das, was Deutschland für den Dressursport ist. Auch wenn es zunehmend zu einer Zerstückelung des Terrains der argentinischen Großgrundbesitzer kommt, bleibt Argentinien der ideale Ort für das Polospiel und die Zucht der Poloponys.

✱ WENDIG UND PFEILSCHNELL

Poloponys sind strenggenommen keine eigene Rasse, sondern werden nach Kriterien gezüchtet, die sie zu guten Polopferden machen. Stuten sollen die Eignung zum Spiel und Hengste die Geschwindigkeit vererben. Bevor eine Stute zur Zuchtstute wird, muss sie sich selbst im Spiel bewährt haben. Zur Zucht werden gerne Vollbluttypen herangezogen, die nicht allzu groß sind, dafür aber über kräftige Muskeln verfügen und gute Rennleistungen auf kurzen Strecken zeigen. Poloponys mit einem Stockmaß zwischen 156 und 158 Zentimeter entsprechen dem Zuchtziel. Auf Qualitäten wie Schnelligkeit, Wendigkeit und Nervenstärke wird viel Wert gelegt.

✱ »ES IST POLO-ZEIT!«

Die Poloteams setzen sich aus jeweils vier Spielern oder auch Spielerinnen zusammen; im Winter, wenn auf Sandplätzen gespielt wird, sind es oft nur drei Spieler pro Mannschaft. Die Spielertrikots tragen die Nummern 1 bis 4. Es besteht ein direkter Zusammenhang zwischen der Position des Spielers und seiner Nummer. Ganz schön zur Sache geht es beim Polospiel. Da wird schon mal gerempelt, um den Gegner außer Gefecht zu setzen. Nur wer den Ball trifft, hat Chancen auf den Sieg. Und das mit dem Treffen ist gar nicht so einfach vom Sattel eines Pferdes aus. Der Ball ist klein, und dann versucht die Konkurrenz noch, einen aus dem Gleichgewicht zu bringen. Prinzipiell kann Polo auf jedem ebenen Feld angemessener Größe gespielt werden. Der Boden darf weder zu tief, zu hart, noch zu rutschig oder zu nass sein. Sommerpolo findet auf Gras statt; Winterpolo auf Sand oder im Schnee.

Jedes Spiel ist in mehrere Spielzeiten unterteilt, die auch als »Chukka« oder »Chukker« bezeichnet werden. Jede Spielzeit beträgt sieben – wenn der Ball noch im Spiel ist siebeneinhalb – Minuten. Es gilt die wirkliche Spielzeit; das heißt bei jedem Pfiff, der durch einen Fehler oder einen Zwischenfall verursacht wird, wird die Uhr angehalten. Nach jedem erzielten Tor (»Goal«) wird die Seite gewechselt; nach Pausen erfolgt die Fortsetzung des Spiels am Ort des Abpfiffs. Nach jeder Spielzeit erfolgt eine Pause, in der die Poloponys gewechselt werden. Jedes Pony darf maximal für zwei nicht aufeinanderfolgende Spieleinheiten eingesetzt werden.

28 PFERDE

→ PFERDEZUCHT

Jeder Pferdezüchter verfolgt ein Zuchtziel. Das orientiert sich am Standard der betreffenden Rasse. Der Zuchtverband legt genau fest, wie ein Pferd auszusehen hat.

Stute und Fohlen auf dem Weg zur Weide. Auf dem Gestüt wird Wert auf eine artgerechte Haltung gelegt. Die Pferde kommen täglich mehrere Stunden lang auf die Weide. Dort können sie sich nach Herzenslust austoben und die saftigen Grashalme genießen.

Sax Arabians – Einfach edel

Sax Arabians – das ist ein Name, der seit Langem für edle Vollblutaraber steht. Der in Bayern gelegene Gutshof gehört mit über 100 Pferden zu den größten Arabergestüten Deutschlands. Hinter dem Ganzen steht Reinhard Sax, der den edelsten Pferden der Welt mit Haut und Haar verfallen ist. Er reitet zwar nicht mehr, verbringt aber jede freie Minute mit seinen Arabern.

30 PFERDE

→ VOLLBLUTARABER

Vollblutaraber sind eine der ältesten Rassen der Welt. Ihre Vorfahren lebten auf der arabischen Halbinsel, wo man sie noch immer züchtet.

Ganz schön temperamentvoll! Aber trotzdem gut zu kontrollieren – typisch Araber eben. Viele sehen es sogar ganz gerne, wenn sich ihre Pferde stolz aufbäumen. Dann machen sie mehr her. Gleichzeitig sind Vollblutaraber so sensibel und menschenbezogen, dass der Umgang mit ihnen meistens völlig problemlos ist.

Sax Arabians

Bild oben: Schon die jüngsten Vierbeiner des Gestüts strahlen mit jeder Pore Adel aus. Ein eleganter Kopf, ausdrucksvolle Augen, stolzes Auftreten ... Diese Pferde vereinen alles, was ein Vollblutaraber haben muss. Doch Reinhard Sax ruht sich nicht auf den Erfolgen aus. Er möchte immer besser werden und dafür arbeitet er hart.

Bild darunter: Sax Arabians ist für Vollblutaraber allerhöchster Qualität bekannt. Die Fuchsstute Essteema ist ein Paradebeispiel für das züchterische Händchen des bayerischen Pferdezüchters. Sie wurde schon in jungen Jahren auf Zuchtschauen mit so vielen Ehrungen überhäuft, dass es eigentlich keinen Grund mehr geben dürfte, sie für weitere Schauen zu verladen.

Schöngeist, Perfektionist, Abenteurer ... Pferdeliebhaber Reinhard Sax hat von alledem etwas. Daran besteht kein Zweifel, wenn man den gebürtigen Landshuter und seine Lebensgefährtin Monika Heckinger besucht. Das Gestüt der beiden Araberfans liegt im niederbayerischen Altfraunhofen, umgeben von 55 Hektar saftigem Weideland. Über 100 Pferde leben hier – allesamt edelste Vollblutaraber. »Araber faszinieren mich«, schwärmt Reinhard Sax und blickt liebevoll auf eine grasende Stutenherde mit Fohlen. Wer den ehemaligen Bauunternehmer näher kennt, weiß allerdings, dass noch andere Leidenschaften in ihm glühen. Er begeistert sich für Gemälde, schätzt mittelalterliche Trinkgefäße und ist ein Verehrer des berühmten Künstlers Professor Fritz Koenig, dessen Hände einst die goldene Kugel zwischen den Twin Towers des World Trade Centers in New York kreierten. Das Kunstwerk überstand den Terroranschlag des 11. Septembers 2001 schwer beschädigt. In ihm fand man Wrackteile der von Terroristen gesteuerten Flugzeuge. Heute steht Koenigs Kugel als Mahnmal in der Nähe der Freiheitsstatue.

* TOLLES GEBURTSTAGSGESCHENK

Fritz Koenig war es auch, der Reinhard Sax für Vollblutaraber begeisterte. »Am 10. August 1988, meinem Geburtstag, habe ich den ersten Vollblutaraber gekauft – den Hengst Nomech aus Koenigs Zucht«, erinnert sich Sax, der zuvor ein passionierter Warmblutpferdereiter war. Auch am Kauf des zweiten Vollblutarabers war Koenig beteiligt. Er besuchte mit Reinhard Sax eine Araberschau, und schon verliebte sich der Bauunternehmer in die braune Jungstute Bavaria. Einige Tage später zog sie in seinem Stall ein. Mit im Gepäck: die erste Zuchtstute des Gestüts, Nemanda, und das 14 Tage alte Fohlen Nijala. »Damals entflammte in mir das Interesse an der Araberzucht. Ich überlegte, mit welchem Hengst ich Nemanda verpaaren könnte und entschied mich für Versal. Auch kaufte ich bald meinen ersten eigenen Deckhengst, den russisch gezogenen kupferbraunen Bagdad«, erzählt Sax. Bagdad sollte seiner Zucht wertvolle Impulse verschaffen. Er vererbte wunderschöne Gänge und brachte leistungsstarke Renn- und vielseitige Reitpferde hervor.

* EIN TRAUM GING IN ERFÜLLUNG

Der Pferdebestand wuchs und bald standen auf dem Gestüt Zuchtpferde, die dem Schönheitsideal sehr nahe kamen. Doch es war noch nicht perfekt, aber das sollte sich ändern: Mit dem 116. Fohlen schien der Zenit erreicht: Essteema – die Verschmelzung eines harmonischen Körpers mit einem unvergleichlichen Typ. Ideale werden nicht nur innerhalb des Zuchtprogramms angestrebt, auch die Stallungen sprechen für Perfektionismus und Ästhetik. Alles ist großzügig, luftig und hell. In der Stallgasse könnte man vom Boden essen, was nicht heißt, dass Pferde hier keine Pferde sein dürfen. Hinter der peniblen Reinlichkeit steht eine rigide Organisation und die führende Hand eines sich nach Vollendung sehnenden Menschen. Ermöglicht wird das Ganze durch den unermüdlichen Einsatz eines fleißigen

32 PFERDE

Bei Sax Arabians herrscht Ordnung. Die große Stallanlage wird von einem fleißigen Angestelltenteam in Schuss gehalten. Von früh morgens bis spät abends wird hier gefegt, gerecht und geputzt. Die Fütterung der edlen Tiere übernimmt der Hausherr selbst.

Teams, das Reinhard Sax unterstützt. Das tägliche Füttern lässt er sich nicht nehmen, und auch ansonsten schreckt er nicht vor körperlicher Belastung zurück. Ihm ist zum Beispiel auch wichtig, dass alle Pferde morgens geputzt werden – ein »Geheimrezept« für seidig glänzendes Fell. Täglich geht es hinaus auf die Weiden. Dort gibt es ausreichend Platz für Auslauf und Grasen. Auch, wenn man circa 100 Pferde besitzt. Für zusätzliches Konditionstraining sorgt eine hochmoderne Führanlage. »Während der Sommermonate lassen wir die Jungpferde Tag und Nacht auf der Weide, damit sie sich austoben können«, erzählt Sax.

So richtig heimelig ist es in dem Stalltrakt, in dem die »Wunderstute« Essteema steht. Der Holzboden der Stallgasse vermittelt Wohnzimmerflair. Sechs geräumige Boxen mit Außenfenstern gestatten den Pferden einen herrlichen Ausblick auf den kiesbelegten Innenhof und auf die Stallungen der Hengste, an deren Außenwänden lilafarbene Glyzinen herunterranken.

✱ EIN LEBEN FÜR DIE PFERDE

Es ist schön auf dem Gestüt Sax, dessen Wege mit historischem Wiener Kopfsteinpflaster belegt sind. Verschmuste Katzen, stolze Pfauen, die kunterbunte Räder schlagen, seltene Gänse-, Enten- und Hühnerrassen sind hier zu Hause und nicht zu vergessen Henna und Hasko, die beiden mächtigen Berner Sennenhunde. Auch Monika Heckinger fühlt sich hier wohl. In über 15 Jahren ist sie in die Welt der Araberzucht hineingewachsen und hat alle Facetten dieser Szene erlebt. Ob ihr Herz für Schaupferde schlage? »Wir züchten keine Schaupferde, sondern gute Araber. Die besten werden auf der Schau gezeigt. Schauen sind aus meiner Sicht da, um die Qualität unserer Nachzucht zu präsentieren. 50 Prozent unseres Bestands sind ausschließlich Zuchtpferde«, erklärt die Bayerin.

Reinhard Sax hat sich einen Lebenstraum erfüllt und ist dabei seiner Philosophie stets treu geblieben: »Mein Ziel ist es, außergewöhnliche Pferde zu züchten, die Ausstrahlung, Präsenz und Charisma vereinen. Ich habe nur einen Wunsch: Den Rest meines Lebens mit diesen Pferden verbringen zu dürfen«.

Bild oben: Alle Boxen sind Außenboxen. Sie haben Türen und Fenster nach außen, damit die Pferde hinausschauen können, wenn sie im Stall stehen. So ist auch stets für gute Luft gesorgt.

Bilder darunter: Zum Gestüt gehören viele Hektar saftige Weiden. Ein Paradies für Pferde und ganz besonders für Stuten und ihre Fohlen. Den ganzen Tag lang können sie draußen die Freiheit genießen und die schmackhaften Hälmchen verspeisen. Stundenlang toben die Fohlen auf den Weiden herum. Bis sie müde sind und sich an der »Milchbar« ihrer Mütter stärken müssen.

← *Skulpturen sind die große Leidenschaft des pferdeverrückten Süddeutschen.*

Rekorde und Kurioses

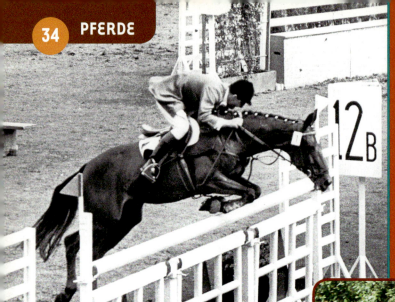

Halla, die Wunderstute

Unvergessen ist die Leistung der Wunderstute Halla, die ihren verletzten und fast ohnmächtigen Reiter Hans Günther Winkler 1956 siegreich durch den Olympia-Springparcours in Stockholm brachte.

DIE GRÖSSTEN

Alles an Shire Horses ist x-large: Mit einem durchschnittlichen Stockmaß von 170 bis 196 Zentimetern sind sie die größten Pferde der Welt. Einige Shires überschreiten problemlos die Zwei-Meter-Grenze. Wie mag man da nur hinaufkommen? Und doch schaffen es einige Reiter, die Sättel der Pferderiesen zu erklimmen. Shire Horses haben viele Fans und die reiten ihre Lieblinge oder spannen sie vor Kutschen. Auch vor Brauereiwagen sind die Giganten oft zu sehen.

Ungewöhnlich — Pferde mit Locken

Ihre Mähnen erinnern an Dreadlocks (lange verfilzte Zöpfe) und ihr Fell an das eines Pudels. Außergewöhnlich für Pferde und doch gibt es eine Rasse, die gelockt durchs Leben galoppiert. Curly Horses ziehen nicht nur aufgrund ihrer Optik Interesse auf sich: Sie sollen sogar für Pferdehaar-Allergiker geeignet sein. Zugegeben, Curly Hoses sind außergewöhnlich. Das ist im Winter schon von weitem zu sehen. In der kalten Jahreszeit treiben die Locken der amerikanischen Rasse wilde Blüten. Aber auch das kurze Sommerfell ist gewellt. Die Ausprägung der Lockenpracht ist individuell: mal extreme Locken, mal dezente Wellen. Und sogar ihre Wimpern sind gewellt.

Kurz gemeldet

→ Auch Kaiser können dem faszinierenden Charme eines Pferdes erliegen. So ging es dem französischen Kaiser Napoléon Bonaparte (1769–1821). Er besaß zwar um die 20 Schimmel, aber einer hatte es ihm ganz besonders angetan: Marengo. Dieser Hengst bewies inmitten des schlimmsten Schlachtgetümmels Nerven. Napoléon konnte sich in jeder Situation auf seinen Marengo verlassen und verehrte dieses Pferd dafür zutiefst.

→ Rund 3.000 Pferde starben auf dem White Pass Trail in Kanada, als Goldsucher sie 1897 mit auf eine mörderische Strecke durch die Berge nahmen. Viele stürzten in die Schluchten, andere starben an Erschöpfung und den Folgen der Misshandlungen durch die Pferdetreiber, die die Tiere unerbittlich antrieben. Nach dieser Tragödie sprachen alle nur noch vom Dead Horse Trail (Pfad des toten Pferdes).

→ Das erfolgloseste und gleichzeitig beliebteste Rennpferd aller Zeiten heißt Haruurara und lebt in Japan. Die Stute verlor über 100 Rennen in Folge, gab aber stets ihr Bestes. Dieser Ehrgeiz macht sie zum absoluten Publikumsliebling.

→ Die Stute Prometea ist das erste geklonte Pferd der Welt. Sie erblickte im Mai 2003 in Italien das Licht der Welt.

SIE SIND ÜBERALL – UND DAS GANZ SCHNELL

Mit über vier Millionen eingetragenen Pferden gilt die Rasse Quarter Horse als zahlenmäßig größte der Welt. Und es gibt gleich noch einen Rekord: Quarter Horses sind die schnellsten Pferde der Welt auf einer Distanz von einer Viertel Meile. In über 77 Ländern ist das vielseitige Westernpferd vertreten. Dabei werden Quarter Horses nicht nur von turnierbegeisterten Western-Fans, sondern auch von Freizeitreitern gesattelt.

Die Kleinsten

Miniature Horses gehören zu den kleinsten Pferderassen der Welt. 1888 soll das erste Miniature Horse amerikanischen Boden betreten haben. Vermutlich kam es aus Europa, wo winzig kleine Pferdchen Königskindern als Spielgefährten dienten. Vielleicht waren die Vorfahren der Miniature Horses aber auch Grubenponys aus England und Holland. Heute sind Miniatures Horses in edlerem Ambiente zu sehen. Sie sind beliebte Schaupferde und Kinder-Kutschponys. »Miniature Ponys dürfen nicht höher als ein großer Hund sein«, fordert der amerikanische Zuchtverband. Und das sind sie auch nicht, höchstens deutlich kleiner. Auch Mini-Shettys (Foto oben links) und die australische Rasse Falabella sind extrem klein.

PFERDE

→ PHILIP ASTLEY (1742–1814)

Mit nur 17 Jahren ging Philip Astley zum Militär und wurde Unteroffizier. Er galt als brillanter Reiter und sorgte bei seinen Einsätzen in Nordamerika für Kurzweil, indem er mit seinem Pferd Kunststücke aufführte.

Eine ganze Pferdeherde frei zu präsentieren, ist gar nicht so einfach. Vor allem dann nicht, wenn es sich um Hengste handelt. Sie raufen ganz gerne miteinander. Gelingt es dennoch, die edlen Tiere in Freiheit zu zeigen, sind sogar Pferdekenner angetan.

Wenn sich erhabene Hengste aufbäumen und dabei für den Menschen kontrollierbar bleiben, herrscht Zirkusflair. Die Freiheitsdressur ist ein fester Bestandteil des traditionellen Zirkusprogramms. Die Ausbildung der Pferde dauert oft viele Jahre. Aber die Mühe lohnt sich, denn das Publikum ist heute beim Anblick steigender Pferde noch genauso begeistert wie vor 200 Jahren.

Wer in den Zirkus geht, möchte Showbilder sehen, die unter die Haut gehen. Was wie ein Spiel aussieht, ist in Wirklichkeit das Ergebnis eines langen, einfühlsamen Trainings.

Manege frei!
Mit Pferdedressur fing alles an

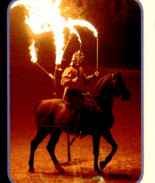

Pferde sind Fluchttiere und haben große Angst vor Feuer. Nur ein guter Ausbilder kann sie schrittweise daran gewöhnen, nicht vor den lodernden Flammen zu flüchten.

Die Liebe zu einer Artistin veranlasste Friedrich Knie 1803 dazu, sein Medizinstudium aufzugeben. Er schloss sich einer Kunstreitertruppe an und legte damit den Grundstein für die berühmte Zirkus-Knie-Dynastie. Heute besteht das Tourneeteam aus 200 Mitarbeitern aus aller Welt. 100 Tiere sind in den unvergesslichen Vorstellungen zu bestaunen.

Die kunterbunten Plakate sind nicht zu übersehen. Wenn heutzutage ein Zirkus in die Stadt kommt, sind meistens viele Tiere — Löwen, Tiger, Affen und viele andere Tiere — mit dabei. Dabei waren früher Pferde die Attraktion im Zirkus. Die Dressur der edlen Vierbeiner zog schon vor rund 200 Jahren unzählige begeisterte Besucher an. Warum gerade Pferde? Weil der Urvater des modernen Zirkus, Philip Astley (1742–1814), ein Pferdenarr war.

Philip Astley hätte eigentlich Schreiner werden sollen. Stattdessen ging der pferdeverrückte Brite zum Militär, wo er täglich im Sattel saß. Und Philip pflegte noch eine Leidenschaft: Kunststücke mit Pferden. 1768 eröffnete Philip eine Reitschule in London. Morgens gab es dort Reitunterricht, nachmittags Shows.

✱ KREISRUND

Alles fand in einer kreisrunden Arena statt, die der Engländer nach dem römischen »Circus Maximus« benannte. Philip wählte die runde Form, damit das Publikum von jedem Platz aus bequem zuschauen konnte. Es gab allerdings noch einen Grund: Wenn Pferde im Kreis laufen, wirken Zentrifugalkräfte. Das bedeutet, dass ein Akrobat, der auf ihrem Rücken steht, durch die kreisförmige Bewegung nach außen gedrückt wird. Und genau das ist ein Vorteil für viele akrobatische Kunststücke auf dem Pferd.

Philips Manege hatte zunächst einen Durchmesser von 19 Metern, wurde später aber auf 13 Meter reduziert. Das gilt heute noch als optimales Maß, weil es ideal für die Pferdedressur ist. Ist die Manege größer, kommt man nicht so gut an die Pferde heran. Ist sie kleiner, können die Pferde nicht bequem im Kreis laufen.

✱ RIESENERFOLG

In der ersten Zeit präsentierte Philip nur Pferde in seinen Vorstellungen. Später kamen weitere Dressurreiter, ein Orchester, Clowns und Jongleure hinzu. Der Erfolg war überwältigend. Ganz Europa wollte Pferde in der »Hohen Schule« und Freiheitsdressur sehen. Bis zu seinem Tod eröffnete Astley rund 20 Zirkusse in verschiedenen Ländern. Damals hatten diese noch feste Standplätze. Dann kamen Wanderzirkusse auf. Die Zirkustradition setzt sich bis heute fort, wie wir am Beispiel des Zirkus Knie sehen.

38 PFERDE

✳ MONTY ROBERTS – DER MIT DEN PFERDEN SPRICHT

Er prägte den Begriff »Pferdeflüsterer« wie kein Zweiter. Ein junges, unausgebildetes Pferd binnen 30 Minuten an Sattel, Trense und Reiter zu gewöhnen, ist das Ziel des »Join Ups«, einer Ausbildungsmethode, die von dem Amerikaner Monty Roberts entwickelt wurde. Vielen ist Monty Roberts unter dem Begriff »Pferdeflüsterer« bekannt. Er selbst bezeichnet sich lieber als »den Mann, der den Pferden zuhört«. Brutale Ausbildungsmethoden lehnt Monty Roberts ab. Er betrachtet das gewaltsame Einreiten junger Pferde, das in den USA nach wie vor eine gängige Praxis ist, als unnötig. »Ich breche Pferde nicht in 30 Minuten, ich ›starte‹ sie«, so Monty Roberts. Das Pferd und der Ausbilder müssen ein Team sein – keine Gegner. Der erfahrene Pferdemann macht sich mit der Körpersprache verständlich. Dabei wird das Pferd nicht unter Druck gesetzt, sondern soll freiwillig gehorchen lernen. Das »Join Up« genießt seit einigen Jahren einen legendären Ruf, der längst über die Grenzen der USA hinausreicht.

Pferdeflüsterer
Alles ohne Gewalt

→ JOIN UP

Monty Roberts entwickelte die Join-Up-Methode, die sogar als Warenzeichen eingetragen ist. Beim Join Up wird das Pferd so lange auf Distanz gehalten, bis es deutlich zeigt, dass es sich dem Menschen anschließen will. Erst dann darf es seine Nähe suchen.

Pferdeflüsterer sind Menschen, die Pferde ohne Gewalt ausbilden. Sie teilen sich durch ihre Körpersprache mit und wissen genau, was die Gestik und Mimik des Pferdes zu bedeuten hat. Einige von ihnen sind weltberühmt, andere kennt kaum einer. Doch haben alle Pferdeflüsterer etwas gemeinsam: eine unsichtbare Verbindung zum Pferd. Und das ist keine Zauberei, sondern erlernbar.

PFERDE

→ TTOUCH

Beim TTOUCH beschreibt man mit den Händen und Fingern streichende und kreisende Bewegungen am Pferdekörper. So lassen sich Verspannungen lösen, Ängste abbauen und das Vertrauen zwischen Pferd und Mensch stärken.

✱ LINDA TELLINGTON-JONES – TT.E.A.M. UND TTOUCH

Sie prägt die Reiterszene schon lange, bevor alle von Pferdeflüsterern sprachen. Einfühlungsvermögen? Artgerechte Haltung? Ungewöhnliche Trainingsmethoden? Alles ein alter Hut. Linda Tellington-Jones und ihre Trainingsmethoden sind den meisten Reitern seit den 70er-Jahren bekannt. Die Kanadierin sorgt mit TT.E.A.M. (gezielte Bodenarbeit) und TTouch (streichende und kreisende Bewegungen am Körper des Pferdes) für frischen Wind in muffigen Stallgassen und ist dabei heute noch genauso hochaktuell wie vor 30 Jahren. Diese Frau ist geballte positive Energie. Anspannung, Erschöpfung oder Gereiztheit sind ihr fremd. Selbst am Ende einer langen, anstrengenden Arbeitsphase glänzen ihre Augen noch unternehmungslustig. Linda Tellington-Jones scheint rundum zufrieden mit ihrem Leben, das sie neun Monate im Jahr zu Pferden rund um den ganzen Erdball führt. Südafrika, die USA, Kanada, Südamerika, Deutschland, Österreich und die Schweiz sind nur einige ihrer Stationen.

Pferdeflüsterer

→ **NATIVE AMERICAN HORSEMANSHIP**

GaWaNi Pony Boy wendet beim Training mit Pferden traditionelle Indianer-Methoden an. Das Native American Horsemanship beginnt mit klar strukturierten Übungen und führt über das Training am Boden bis hin zur Arbeit unter dem Sattel.

* **GAWANI PONY BOY – INDIANISCHES PFERDETRAINING**

Er ist nicht nur atemberaubend exotisch ... – GaWaNi Pony Boy, der gerne einfach »Pony« genannt wird, hat auch ein Händchen für Pferde. »Native American Horsemanship« nennt er seine Methode, die auf alten indianischen Traditionen beruht und heute noch so gut funktioniert wie vor vielen hundert Jahren. »Pony« ist kein Zauberer, der Pferde durch Handauflegen verhext oder mit Hilfe anderer geheimer Techniken zu ungeahnten Reaktionen bewegt. Als »Pferdeflüsterer« möchte er eigentlich überhaupt nicht bezeichnet werden. Seine Arbeitsweise basiert auf einer soliden Kenntnis des Pferdeverhaltens und der Gabe, sich selbst die Körpersprache des Pferdes zu eigen zu machen und auf diese Weise unmissverständlich mit dem Pferd zu »sprechen«.

42 PFERDE

✱ DR. ALFONSO AGUILAR – MEHR BODENARBEIT

Ein heller Cowboyhut, ein schwarzer Schnauzbart und Augen, die immer zu lächeln scheinen. – Das ist Dr. Alfonso Aguilar, der mexikanische Tierarzt, der einfühlsam mit Pferden arbeitet. »Man muss lernen, das Pferd zu lesen, bevor man etwas von ihm verlangt«, so seine Überzeugung. Dr. Alfonso Aguilar ahnt, warum viele Pferde keine Freude am Reiten haben. »Viele Menschen beschäftigen sich nicht mit dem Verhalten ihres Pferdes. Man sollte die Signale eines Tieres deuten können, um darauf einzugehen«, so der Mexikaner. Oft mangele es auch an Bodenarbeit. »Eine Wasserfläche oder Engpässe überwinden oder in einen Hänger gehen – all das lässt sich mit Bodenarbeit trainieren. Was meistens fehlt, ist die Basis und deshalb funktioniert auch der Rest nicht«, so Aguilar.

→ NATURAL CONCEPTS

Bei der Bodenarbeit lernen Pferde, selbstbewusst mit unbekannten Situationen umzugehen. Natural Concepts sind darauf ausgelegt, Pferde zu motivieren.

Pferdeflüsterer 43

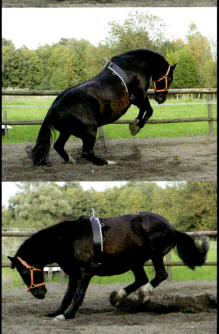

Manche Pferde reagieren total über, wenn sie sich missverstanden fühlen. Sie müssen mit einfühlsamen Trainingsmethoden schrittweise ausgebildet werden. Es sollte vorerst intensiv Bodenarbeit gemacht werden, damit das Pferd ruhiger und vertrauensvoller wird.

* PETER KREINBERG – PFERDE MIT GUTEN MANIEREN

Peter Kreinberg ist seit vielen Jahren für seine feine und gefühlvolle Reitweise bekannt. Nicht minder einfühlsam, wenn auch konsequent, verläuft die Ausbildung seiner Pferde. Der erfolgreiche Westernreiter und Freizeitpferdeausbilder, der neben seiner Leidenschaft für Quarter Horses auch ein Faible für arabische Pferde und Hannoveraner hat, arbeitet gern mit einem langen Leitseil und einem Strickhalfter. Hierbei verfolgt er zwei Ziele: Dem Pferd beizubringen, alltägliche Situationen gelassen und kontrolliert zu bewältigen und eine Verständigungsgrundlage zwischen Pferd und Mensch zu schaffen. Das Pferd soll lernen, den Willen des Menschen zu verstehen, denn diese Fähigkeit ist nicht angeboren. Mit Hilfe leichter Impulse lernt das Pferd mitzudenken.

→ GENTLE TOUCH®

The Gentle Touch® ist eine Ausbildungsmethode, bei der Respekt und Fairness im Umgang mit Pferden im Vordergrund stehen.

44 PFERDE

→ **SAHARA**

Die Sahara ist mit einer Ausbreitung von neun Millionen Quadratkilometern die größte Trockenwüste der Welt. Sie ist fast so groß wie die gesamte USA.

Schlaflos in der Sahara
Der Zauber von Wüstenpferden

Ruhelose Nächte im Beduinenzelt, bellende Wildhunde, heißer Wüstensand und das Luft zerreißende Wiehern der Araberhengste unter klarem Sternenhimmel … All das hat sich eingeprägt, nach dieser abenteuerlichen Reise in die Sahara. Eigentlich waren es die legendären Pferde, die mich in die einsamsten Regionen Tunesiens lockten, doch was ich unter der Führung des Beduinen Amara erleben durfte, war mehr: eine Welt voller Farben, Düfte und Exotik.

←←← *Amara ist ein Beduine. Er lebt in der Sahara und seine Leidenschaft sind Pferde. Seine Araberhengste stammen von Rennbahnen. Da Komfort auch in der Wüste nicht zu kurz kommen darf, hält Amara für verwöhnte Gäste zwei Holzbetten bereit. Und natürlich ist ihm auch das Wohlbefinden seiner Pferde wichtig. Tagsüber werden sie in Schatten spendenden Boxen vor der Wüstensonne geschützt.*

PFERDE

→ BEDUINEN

Beduinen sind nicht sesshafte Volksstämme, die in Wüstenregionen umherwandern und von der Viehzucht leben. Ihr Lebensraum wird zunehmend eingeschränkt.

→ *Tunesien ist eine nordafrikanische Republik, deren Name sich von der Hauptstadt Tunis ableitet. Auch die beliebte Ferieninsel Djerba gehört zu Tunesien.*

Abends, wenn es kühler wird, trainiert Amara seine Hengste. Dabei setzt er seine Körpersprache ein. Seine Trainingsmethoden wurden von Generation zu Generation übermittelt.

Amara lässt sich beim Ausritt von seinem Sloughi begleiten. Sloughis sind arabische Windhunde. Die elegante Rasse ist optimal an die Lebensbedingungen der Wüste angepasst. Sloughis sind pfeilschnell, genügsam und auch gute Wächter.

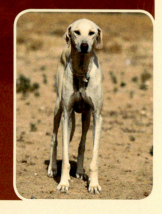

Es ist vier Uhr morgens. Wer behauptet, die Wüste sei ein Ort der Stille, kann nicht die Sahara gemeint haben. Ununterbrochen haben Wildhunde gebellt und das Zelt umschlichen. Es sind knirschende Schritte im Sand zu hören, Amara nähert sich. Der Beduine ist groß, schlank und hat schwarz funkelnde Augen. Seinen Kopf umhüllt ein Turban. Wenn er mit dem Tuch die untere Hälfte seines Gesichts verdeckt, sieht er unheimlich aus.

✳ DER SONNE ENTGEGEN

Die Pferde sind bereits geputzt und gesattelt. Wir schwingen uns in die Sättel und reiten gemeinsam mit einem Sloughi, einem Windhund, der aufgehenden Sonne entgegen. Amaras Hengst ist an Beinen und Schultern mit Fluss-Schlamm bedeckt. Diese Schlammpackungen sind gut für Muskeln und Gelenke von Pferden. »Die Gesundheit meiner Pferde ist mir wichtig«, betont der Beduine auf Französisch. Seine sechs Vollblutaraber stammen von Rennbahnen. Er hat sie gekauft und ausgebildet, damit er Besucher der Wüstenregion auf ihrem Rücken an die schönsten Stellen der Sahara führen kann. In diesem Teil der Wüste leben Menschen wie vor tausend Jahren. Sie laufen zusammen, weil zwei Unbekannte auf Araberpferden nahen. Als Amara mit ihnen spricht, ist der Bann gebrochen. Eine johlende Horde begleitet uns zum Regenwasserbecken, dessen tiefgrüne Oberfläche wie ein Edelstein leuchtet. Hier tränken wir die Pferde.

✳ SCHNELLER ALS DER WIND

Nach einem gemeinsamen Essen reiten wir weiter. Amara gibt sich geheimnisvoll. Er will nicht verraten, wo es jetzt hingeht. Erst einmal stellt er das Laufvermögen seiner Hengste unter Beweis. Der anspornende Schrei des Beduinen verhallt noch in der Wüste. Schon donnern die Pferde Seite an Seite dahin. Ich ducke mich im Sattel und spüre wie mir der Wind die Tränen in die Augen treibt. Danach entspannen sich die Pferde im Schritt. Wir besuchen eine Beduinenfamilie, deren ganzer Stolz ein Kamel und ein Araberhengst sind. Vom Rastplatz der Beduinen geht es weiter zu einem Ruinenfeld. Es lässt nur noch erahnen, dass hier einst Römer lebten. Unsere Hengste setzen ihre Hufe auf geschichtsträchtigen Boden. Einst gab es hier ein Kolosseum, in dem Gladiatoren kämpften. Es wird heiß auf dem Ruinenfeld. Wir machen uns auf den Heimweg. Amaras Schwestern warten bereits mit kühlen Getränken auf uns. Die Hengste stehen nun in schattigen Boxen. »Heute Abend trainiere ich sie«, kündigt Amara an. Später steht er mit einer Longe mitten in der Wüste und trainiert seinen Lieblingshengst mit Hilfe der Körpersprache. Ob er schon einmal von Pferdeflüsterern gehört habe? Er schüttelt den Kopf: »Nein, meine Familie hat schon immer so mit Pferden gearbeitet.«

Schlaflos in der Sahara 47

Tollkühne Kunststücke gehören zur Tradition der Sahara-Bewohner. Im rasenden Galopp auf dem Sattel herumklettern? Sogar einen Kopfstand wagen? All das ist kein Problem für die verwegenen Reiter Nordafrikas.

Pferderennen sind in Tunesien beliebt. Dort gibt es nicht nur moderne Rennbahnen, sondern auch traditionelle Rennen zwischen verschiedenen Beduinenstämmen. Bei festlichen Reiterspielen – sogenannten Fantasias – dürfen sogar Touristen zuschauen.

Sättel und Zaumzeuge werden kunstvoll verziert. Alles ist echte Handarbeit. Bei den großen Beduinentreffen sind ganz junge Reiter dabei, aber auch die Ältesten lassen sich das kunterbunte Spektakel nicht entgehen.

In den einsamsten Regionen der Sahara leben Beduinen nach alten Traditionen. An Festtagen kleiden sie sich wie vor über hundert Jahren. Auch die Pferdezucht ist eine alte Tradition. Umso mehr Pferde ein Beduinenstamm hat, desto reicher ist er.

48 PFERDE

1 Malush lebt in Holland. Ihr Herz schlägt für eine seltene Pferderasse: die Knabstrupper. »Ich mag einfach die lustigen Flecken und das freundliche Wesen dieser Pferde. Es stört mich nicht, wenn Spaziergänger meine Stute als ›Pippi-Langstrumpf-Pferd‹ bezeichnen«, lacht Malush. Sie hat ihr Pferd übrigens von einer deutschen Züchterin gekauft.

2 Aziza erlebt jeden Tag das, wovon viele nur träumen können. Die schwarzhaarige Marokkanerin reitet mit ihrem Pony am Strand. Leider ist das nicht überall erlaubt, aber Aziza weiß genau, wo sie einen rasanten Galopp wagen darf und wo nicht. »Mein Reitlehrer ist immer dabei und achtet darauf, dass es keinen Ärger gibt«, schmunzelt die kleine Reiterin. Wenn es tagsüber zu heiß ist, bleibt Azizas Pony im schattigen Stall. Am frühen Abend ist es aber kühl genug, um auszureiten. »Ich darf aber erst zum Stall, wenn alle Hausaufgaben erledigt sind«, bedauert die Nordafrikanerin.

3 Der braune Hengst ist Pedros ganzer Stolz. Es ist zwar nicht sein eigener, aber immerhin darf der junge Portugiese dreimal pro Woche auf ihm reiten. »Das ist ein Alter-Real-Hengst. Ein sehr wertvolles Pferd«, erklärt Pedro. Alter-Real-Pferde stammen vom gleichnamigen portugiesischen Gestüt. Eine sehr alte Rasse. Pedros Familie wohnt in der Nähe des Gestüts. »Seitdem ich laufen kann, war ich täglich bei den Pferden«, lacht Pedro. Jahrelang hat er sie bewundert, dann auch gepflegt und spazieren geführt. Später bekam er Reitunterricht und hat heute sein eigenes Pflegepferd.

Kinder und Pferde
Freundschaft ohne Grenzen

Pferde faszinieren Menschen auf der ganzen Welt. Und ganz besonders junge Menschen. Ob sie in Europa, in Afrika oder den USA leben, macht dabei keinen großen Unterschied. Kulturell gesehen zwar schon, aber die Liebe zum Pferd verbindet sie alle miteinander.

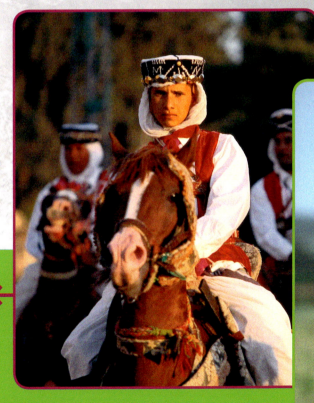

Faouzi ist aufgeregt. Zum ersten Mal darf er beim großen Festival seines Beduinenstammes mitreiten. Tagelang hat der 12-jährige Tunesier sein Pferd und sich selbst herausgeputzt. Das wertvolle Sattelzeug musste gesäubert werden. Außerdem das Fell des edlen Arabers auf Hochglanz gebracht werden. Faouzi ist stolz. Schon sein Großvater ritt in ähnlicher Aufmachung. Beduinen ist es wichtig, dass alte Traditionen weiterleben.

Die gescheckte Stute »Barbie« ist Maras große Liebe. Täglich schwingt sich die 11-jährige Schülerin aus Lemgo in den Sattel. Seit ihrem 6. Lebensjahr bekommt Mara Reitunterricht. Westernreiten macht ihr besonders viel Spaß. Und die ersten Turniere und Schauauftritte hat die deutsche Pferdenärrin auch schon hinter sich gebracht. Ein Leben ohne ihre »Barbie« kann sich Mara gar nicht vorstellen.

50 PFERDE

→ YUKON TERRITORY

Das Yukon Territory bildet den Nordwesten Kanadas. Dort leben rund 30.000 Menschen auf einer riesigen Fläche von knapp 483.000 Quadratkilometern. Hier leben auch viele Bären. Die größten heißen Grizzlybären. Sie können über drei Meter groß sein, wenn sie sich aufrichten.

Kauprobleme, Abmagerung, eine verkürzte Lebenserwartung … Wenn die Zähne eines Pferdes nicht in Ordnung sind, kann es Probleme geben. Umso unverständlicher ist es, dass die Zahnpflege bei Pferden oft vernachlässigt wird. Kaum ein Pferdebesitzer denkt daran, die Beißerchen seines Tieres mindestens einmal pro Jahr untersuchen zu lassen. Pferdezahnärzte, wie Cliff Henna, wissen natürlich, worauf es ankommt. Er lebt in Kanada und ist dort so gefragt, dass er ständig von Stall zu Stall reist.

Ins Maul geschaut
Besuch beim Pferdezahnarzt

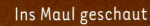

Ins Maul geschaut

Cliff Henna ist ein Exot. Er ist der einzige Pferdezahnarzt im Yukon Territory und muss viel reisen. Hat ein Pferd Zahnprobleme, wird er gerufen. Der Kanadier liebt Pferde und behandelt sie stets mit Respekt. So gelingt es ihm auch, mit besonders schwierigen Pferden zu arbeiten. Mit Geduld und Know-how erreicht er stets sein Ziel. Eigentlich sind es zwei Ziele: gesunde Zähne und Pferde, die keine Angst vor dem Zahnarzt haben.

Hier arbeitet Cliff, der Pferdezahnarzt, an den Hakenzähnen eines Hengstes beziehungsweise Wallachs. Solche Zähne sind in der Regel nur bei männlichen Pferden veranlagt. Aber manchmal gibt es auch Stuten mit Hakenzähnen.

Zuerst bewegt Cliff den Unterkiefer hin und her. Anhand der Geräusche, kann der Pferdezahnarzt einschätzen, ob Handlungsbedarf besteht oder nicht. Cliff hat etwas Auffälliges gehört und geht der Sache nun mit seiner Hand auf den Grund. Mit den Fingern kann er Unebenheiten und scharfe Kanten erfühlen, und überprüfen, ob es bereits zu Schädigungen des umliegenden Gewebes gekommen ist.

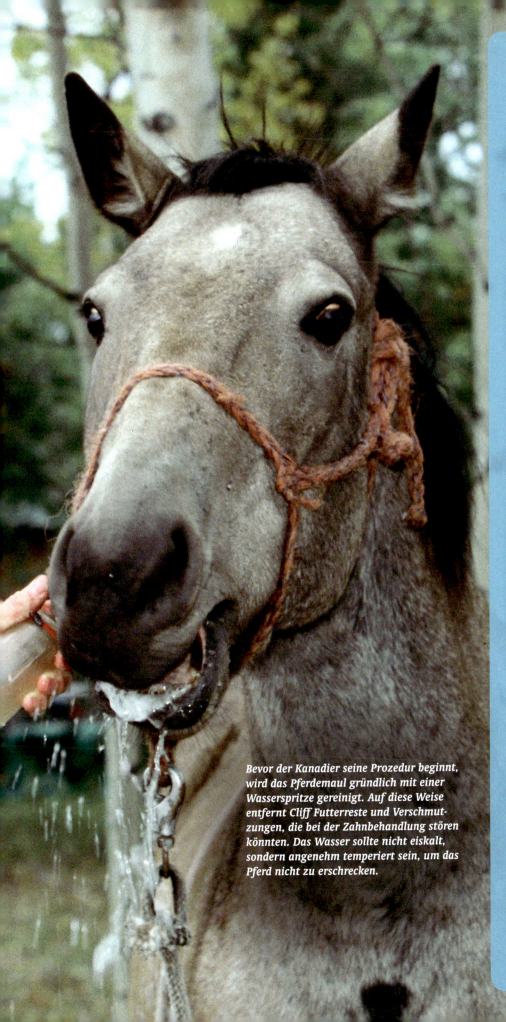

Bevor der Kanadier seine Prozedur beginnt, wird das Pferdemaul gründlich mit einer Wasserspritze gereinigt. Auf diese Weise entfernt Cliff Futterreste und Verschmutzungen, die bei der Zahnbehandlung stören könnten. Das Wasser sollte nicht eiskalt, sondern angenehm temperiert sein, um das Pferd nicht zu erschrecken.

Ins Maul geschaut

✱ EIN LEBEN FÜR ZÄHNE

Eigentlich kommt Cliff aus der Großstadt. Doch seine Liebe zur Natur und seine Begeisterung für Pferde veranlassten den Kanadier, mitten ins Grüne zu ziehen. Oder besser ins Weiße – denn dort, wo Cliff lebt, regiert neun Monate pro Jahr der Winter. »Das Yukon Territory ist eine der kältesten Gegenden Nord-Kanadas, aber ich liebe es, hier zu leben«, lacht der sympathische Mann, der eine Menge über Pferdezähne weiß. Die Temperaturen können im winterlichen Yukon Territory auf unter 50 Grad Celsius sinken. Aber einsam ist er nicht, schließlich teilt Cliff sein Grundstück mit zehn Pferden, einer Katze und seiner deutschen Frau Nicola. Sie begleitet ihren Mann, wenn er im Land herumreist, um Pferdezähne zu behandeln oder Zahnpflegeseminare zu geben.

✱ ALLES HALB SO SCHLIMM

Cliff ist gelernter Pferdezahnarzt, und der einzige im Yukon. Folglich hat er jede Menge zu tun, denn Pferde gibt es jede Menge in diesem Landstrich. Cliff ist beliebt, weil er einfühlsam mit seinen vierbeinigen Patienten umgeht. Bevor Cliff zu Raspel oder Zange greift, fühlt er erst einmal mit der Hand das Pferdemaul ab. »Sind dort Verdickungen, Verletzungen oder scharfe Kanten an den Zähnen zu fühlen, muss ich ran«, lacht Cliff. Anfangs schauen die Pferde etwas irritiert, wenn sich der Zahnarzt in ihrem Maul zu schaffen macht. Doch sie merken sehr schnell, dass nichts Schlimmes passiert. Denn nach der Behandlung geht es allen besser als vorher.

54 PFERDE

Mit Hilfe dieses Werkzeugs und geübten Drehbewegungen kann Cliff die Außenseiten des Hakenzahns polieren. Das Metallkopfstück wird einfach über den ganzen Zahn gestülpt und dann vorsichtig hin- und hergedreht. Auf diese Weise lassen sich auch kleinste Unebenheiten entfernen. Bei dieser Behandlung muss man aufpassen, das Zahnfleisch nicht zu verletzen.

Hier sieht man einen Pferdezahn mit einer Kappe, die sich im Laufe der Entwicklung des Pferdes eigentlich von selbst ablösen und herausfallen sollte. Diese Kappe verlieren Pferde normalerweise im Alter von zwei Jahren. »Dies ist allerdings nicht immer der Fall. Bemerkt der Pferdehalter nicht, dass die Kappen noch auf den neuen Zähnen aufsitzen, kann es beim Pferd zu Beschwerden kommen«, warnt Cliff Henna. Werden aufsitzende Kappen entdeckt, sind sie ganz leicht mit Hilfe einer Zange abzuhebeln. Manchmal reicht auch ein beherzter Druck mit dem Daumen.

Wolfszähne sind ein weit verbreitetes Problem bei Pferden. Sie sind klein, absolut nutzlos und können sich entzünden. Manchmal stören sie auch, wenn ein Pferd eine Trense trägt oder Nahrung zu sich nimmt. Ist dies der Fall, sollten die kleinen Zähnchen entfernt werden. Hier zeigt uns Cliff seine Privatsammlung an Wolfszähnen und erzählt: »Nicht alle Pferde haben sie. Einige Rassen scheinen allerdings stärker dazu zu neigen als andere. Man sollte sein Pferd im Alter von einem Jahr und nochmals im Alter von zwei Jahren auf Wolfszähne untersuchen. Hat es bis dahin keine, sind auch später keine Wolfszähne mehr zu erwarten.«

Ins Maul geschaut 55

Anhand des Pferdeschädels demonstriert Cliff, wie er scharfe Kanten von den Zähnen entfernt. Danach hobelt er die betreffenden Kanten und Spitzen möglichst einfühlsam ab. Würden sie nicht entfernt, könnten sie bei einem lebenden Pferd Kauschwierigkeiten und Verletzungen der Backenschleimhaut verursachen. Auf Dauer würde dies zu Unwohlsein und schlimmstenfalls sogar zu einem dramatischen Gewichtsverlust oder anderen lebensbedrohlichen Störungen führen.

Wenn Cliff auf Seminar-Tour geht, ist alles bestens vorbereitet. Jede Menge Ausrüstung und ein echter Pferdeschädel sind wichtig, um den wissbegierigen Kursteilnehmern anschaulich zu zeigen, worauf es bei der Zahnpflege ankommt. Cliff bevorzugt übrigens Handarbeit. Sogenannte Power Tools (ausgesprochen: pauer tuhls), elektrisch betriebene Werkzeuge mag er nicht – zumindest, wenn es um Pferdemäuler geht. Es gibt aber auch Pferdezahnärzte, die auf sie schwören.

Pferderassen
Schön sind sie alle!

Es gibt hunderte von verschiedenen Pferderassen. Manche sterben aus, dafür kommen auch neue hinzu. Grob lassen sich alle Rassen in Vollblüter, Warmblüter und Kaltblüter einteilen. Das hat nichts mit ihrem Blut oder ihrer Körpertemperatur zu tun, sondern mit ihrem Temperament. Vollblüter gelten als besonders temperamentvoll, Warmblüter sind ausgeglichener und Kaltblüter sehr gelassen. Die Größe des Pferdes wird an der höchsten Stelle seines Widerrists gemessen. Alle Pferde unter 1,48 Meter Stockmaß heißen offiziell Ponys.

Vollblüter

Temperament und Eleganz zeichnen Vollblüter aus, aber sie sind auch sehr sensibel. Diesem Ruf machen die beiden typischen Vollblutrassen, Arabisches Vollblut und Englisches Vollblut, alle Ehre. Trotz geblähter Nüstern und weit aufgerissener Augen lassen sich die leicht erregbaren Vierbeiner gut kontrollieren. Ansonsten wären sie in ihren Sportdisziplinen vermutlich auch nicht so erfolgreich.

VOLLBLUTARABER
Für manche sind sie die schönsten Pferde der Welt. Vollblutaraber vereinen Adel, Exotik und Anmut. Als Distanzpferde und bei Galopprennen machen sie Furore. Im Schauring bezaubern die temperamentvollen Geschöpfe die begeisterten Zuschauer. Und nicht zuletzt glänzen Vollblutaraber auch als Freizeitpferde. Sie sind menschenbezogen, intelligent und gelehrig. Außerdem vereinen die von der arabischen Halbinsel stammenden Pferde Härte und Genügsamkeit mit einer hohen Lebenserwartung.

ENGLISCHES VOLLBLUT

Sie beherrschen die Rennbahnen und gelten als edelste und schnellste Pferderasse überhaupt. Englische Vollblüter haben weltweit unzählige Fans. Während die einen gerne auf den heißblütigen Rössern reiten, verwetten andere ihr gesamtes Hab und Gut auf Vollblüter. Denn wenn es um Galopp- oder Trabrennen geht, kann keine andere Rasse mit dem sensiblen Englischen Vollblut mithalten. Melvin Poe (Foto), ein direkter Nachfahre des berühmten amerikanischen Literaten Edgar A. Poe, schätzt seine Englische Vollblutstute vor allem bei der Jagd.

PFERDE

Rembrandt, mein Friesenhengst

FRIESE
Fast niemand kann sich dem Charme des Friesenpferdes entziehen. Die lackschwarzen Schönheiten mit den langen Mähnen und üppigen Schweifen sind die erklärten Publikumslieblinge bei jeder Pferdeshow. Auch im Fahrsport, in der Barock- und Freizeitreiterszene sieht man die schwarzen Perlen mit dem prächtigen Fesselbehang oft. Sie sind imposant und doch feinfühlig zugleich. Kein Wunder, dass Friesenpferde schon im Mittelalter einen legendären Ruf genossen.

LIPIZZANER
Die schneeweißen Lipizzaner, die von der Wiener Hofreitschule innerhalb von acht Jahren bis zur Hohen Schule (die anspruchsvollste Form der Dressurreiterei) ausgebildet werden, genießen Weltruhm. Die meisten Lipizzaner sind Schimmel, es gibt aber auch Braune und Rappen. Schimmelfohlen kommen ganz dunkel zur Welt und werden erst nach einigen Jahren strahlend weiß. Das ist übrigens nicht nur bei Lipizzanern so.

KNABSTRUPPER
Knabstrupper sind echte Originale. Und das nicht nur wegen ihres markant gefleckten Fells. Vielmehr ist es ihr aufgewecktes Wesen, das seltsame Blüten treiben kann, wenn es unterfordert wird. Ohne eine Aufgabe fühlt sich ein Knabstrupper nicht wohl. Fordert man ihn hingegen, so entwickelt die dänische Rasse Passion und Ehrgeiz. Dabei brilliert er als Sportpartner und Freizeitpferd. Vor der Kutsche präsentiert er sich genauso majestätisch wie unter dem Sattel.

Pferderassen 59

ANDALUSIER

Andalusier, deren offizielle Bezeichnung »Pura Raza Española« lautet, vereinen feuriges Temperament und Sanftheit in sich. Die Veranlagung für das Erlernen der Lektionen der Hohen Schule wird den spanischen Schönheiten in die Wiege gelegt. Das wissen vor allem Barockreiter zu schätzen. Freunde der klassisch-barocken Reitkunst orientieren sich an der Reiterei des 17. und 18. Jahrhunderts. Damals herrschten in Europa spanische Pferde vor. Im Sattel eines Andalusiers wird diese Zeit wieder lebendig.

Warmblüter

Die Bezeichnung Warmblut steht für meistens mittelschwere Pferde mit einem durchschnittlichen Temperament. Was heißt das? — Auf jeden Fall, dass ein typisches Warmblut nicht zu Nervosität neigt, sondern durch ein freundliches, arbeitswilliges Wesen überzeugt. Dabei sollte ein Warmblut nicht träge sein.

HANNOVERANER

Edel und gut gebaut kommt der Hannoveraner daher. Zu seiner Veredelung trugen Englische Vollblüter und Trakehner bei. Markant sind die schwungvollen, raumgreifenden Bewegungen des Hannoveraners, der als gutes Reitpferd gilt und sich für die unterschiedlichsten Sparten der Reiterei anbietet. Viele Reiter scheinen von dem edlen Warmblut überzeugt zu sein, denn die meisten Reit- und Sportpferde stammen tatsächlich aus der Hannoveraner-Zucht. Sie sind die erfolgreichsten Sportpferde weltweit.

PFERDE

Ponys

Alle Pferde unter 148 Zentimeter Stockmaß sind Ponys. Zur Gruppe der Ponys gehören winzige Zwerge wie Shetland Ponys, mittelgroße Schönheiten wie Welsh B oder auch Haflinger. Und manche Ponys sind fast so groß wie ein Großpferd. Dann ist von Endmaßponys die Rede. Sie können meistens ein Leben lang von normalgewichtigen Erwachsenen geritten werden. Bei kleineren Ponys erfolgt irgendwann der Umstieg vom Sattel in die Kutsche, wenn der Reiter größer und schwerer wird. Ponys haben eine hohe Lebenserwartung. Sie können weit über 30 Jahre alt werden.

SHIRE HORSES

Die dicken Brocken werden zwar nur noch selten in der Landwirtschaft, dafür aber gerne als Kutsch- oder Freizeitpferde eingesetzt. In England ziehen sie bei Volksfesten Bierwagen. In Belgien gibt es noch einige wenige Kaltblüter, die in der Krabbenfischerei zum Einsatz kommen. In Deutschland leben noch einige Rückepferde – Kaltblüter, die gefällte Baumstämme aus dem Wald ziehen.

Kaltblutrassen

Kaltblüter sind die Schwergewichte unter den Pferden. Es gibt viele verschiedene Kaltblutrassen – zum Beispiel Shire Horses (England), Percherons (Frankreich), Brabanter (Belgien), italienische und polnische Kaltblüter sowie viele andere mehr.

SCHWARZWÄLDER KALTBLÜTER

Sie sind zurzeit eine der beliebtesten deutschen Kaltblutrassen. Ihr Hauptzuchtgebiet ist der südliche Schwarzwald. Der Ursprung der Rasse reicht bis ins Mittelalter zurück. Mit der Zeit konzentrierte sich die Zucht auf Dunkelfüchse mit hellem Mähnen- und Schweifhaar. Was die wenigsten wissen: Es gibt auch braune Schwarzwälder und sogar eine Schimmelfamilie.

Pferderassen

HAFLINGER
Blonde Schönheiten sind in Italien besonders beliebt. Das beweisen auch die aus Südtirol stammenden Haflinger. Ihre dichte Mähne und der opulente Schweif leuchten hell im Sonnenlicht. Und auch das fuchsfarbene Fell des Haflingers, das es in hellen und dunkleren Varianten gibt, macht die vielseitigen Gebirgspferde unverwechselbar. Früher sah man Haflinger vor allem bei Bergbauern. Inzwischen sind sie zu beliebten Freizeitpferden geworden.

SHETLAND PONY
Mit einer durchschnittlichen Widerristhöhe von nur 99 Zentimetern sind Shetland Ponys der erklärte Liebling jedes Kindes. Doch auch Erwachsene können sich dem Charme dieser Ponyrasse kaum entziehen. Es ist einfach zu niedlich, wenn ein Shetty mit seinen lebhaften Augen durch die Strähnen seiner dicken Mähne lugt. Mini-Shettys sind noch etwas kleiner als normale Shetland Ponys.

Franka mit Polly

ISLANDPFERD
Eisige Kälte und schneidender Wind können ihnen nichts anhaben. Denn Islandpferde, die wegen ihrer Größe eigentlich Islandponys heißen müssten, sind inmitten bizarrer Eislandschaften zu Hause. Zwar hüllt sich Island nicht immer in ein arktisches Gewand, aber im Winter ist es klirrend kalt. Entsprechend üppig ist das Haarkleid der Islandpferde. Aber es ist sicherlich nicht nur der plüschige Teddy-Look, der diese Rasse so beliebt gemacht hat. Die robusten Ponys verwöhnen ihre Reiter mit bequemen Gängen und Umgänglichkeit.

TINKER
Schwarz-weiß oder braun-weiß geschecktes Fell, eine üppige Mähne und ein verschwenderisch dichter Schweif begeistern Freunde des Tinker. Die freundlichen, im kaltblütigen Ponytyp stehenden Vierbeiner werden bei Freizeitreitern immer beliebter. Auch Anfänger und ängstliche Reiter sehen sich gerne bei dieser Rasse um, weil die arbeitswilligen Ponys als ausgesprochen nervenstark gelten.

Index

A
Aguilar, Alfonso	42
Alter-Real-Pferde	48
Andalusier	59
Appuleios Diokles	7
Araber	30 f., 33, 49
Arabergestüt	29
Araberhengst	45
Araberschau	31
Araberzucht	31, 33
Arabisches Vollblut	56
Arena Verona	6 f.
Argentinien	24 f., 27
Astley, Philip	36 f.

B
Barockreiter	59
Beduine	46 f.
Beduinenstamm	47, 49
Bezzegpuszta	19, 22
Bodenarbeit	42 f.
Bogenschießen	18 ff.
Bogenschützen	18, 20, 22
Brabanter	60
Büffel	15
Büffeljäger	14, 16
Buffalo Bill	12 ff.
Buhurt	10
Butler Hickok, James	14

C
Calamity Jane	14
Chukka o. Chukker	27
Circus Maximus	6 f., 37
Cody, William Frederick	13, 16
Cowboy	14, 17
Criollo	24
Curly Horses	34
Custer, George Armstrong	14

D
Destriers	8
Distanzpferde	56
Dressurreiterei	58

E
Edelknecht	10
Englisches Vollblut	24, 56 ff., 59
Essteema	31, 33
Estancias	25

F
Fantasias	47
Feldharnisch	8
Fesselbehang	58
Freiheitsdressur	36, 37
Freizeitpferd	56, 60
Freizeitpferdausbilder	43
Friese	58

G
Galopprennen	56 f.
GaWaNi Pony Boy	41
Gebirgspferd	61
Gentle Touch	43
Gladiatorenkämpfe	6 f.
Goldgräber	17
Great Plains	16
Grizzlybären	50

H
Halla	34
Handicap	24
Hannoveraner-Zucht	59
Harnisch	8
Heckinger, Monika	31, 33
Heguy-Familie	25
Hellebarden	10
Henna, Cliff	50 f., 54
Hohe Schule	58 f.
Hunnen	20, 22

I
Imperium Romanum	6
Indianer	13 f.
Islandpferd	61

J
Jagdsport	57,
Join-up-Methode	38 f.
Jurte	23

K
Kaltblutrassen	60
Kaltblüter	56
Kanada	50, 53
Kappe	54
Kassai, Lajos	19 ff.
Knabstrupper	48, 58
Knie, Friedrich	37
Koenig, Fritz	31
Kopfhelm	8
Kreinberg, Peter	43
Kriegsritter	10
Kunstreiterin	14
Kutschpferd	60

L
Lanze	10
Lipizzaner	58
Little Bighorn	14
Lookout Mountain	16

M
Mallet	27
Manege	36 f.
Mini-Shetty	61
Mittelalter	10
Mongolitza-Schweine	22 f.

N
Native American Horsemanship	41
Nomadenvolk	22 f.

P
Panzerreiter	8, 10 f.
Percheron	60
Pferdeflüsterer	38 ff., 46
Pferdehaar-Allergiker	34
Pferderassen	56 ff.
Pferdeschädel	55
Pferdezahn	54
Pferdezahnarzt	50 ff.
Pferdezüchter	28
Pinto	20
Planwagen	17
Polo	24 ff.
Polopony	24, 27
Pony	60
Pony Express	17
Power Tools	55
Professional-Schiedsrichter	26
Pura Raza Española	59

Q
Quarter Horse	35

R
Rekorde	34 f.
Revolverheld	14
Ritter	8 ff.
Ritterpferde	8
Ritterturnier	9 ff.
Roberts, Monty	38 f.
Rocky Mountains	16
Römische Wagenrennen	6 f.
Römisches Reich	6
Rossharnisch	10 f.
Ross-Schinder	10
Rückepferd	60
Rüstung	10

S
Sahara	44 ff.
Sarazenen	10
Sattelbaum	22
Sax, Reinhard	29, 31, 33
Sax Arabia ns	28 ff.
Schiedsrichter	26
Schimmel	16
Schimmelfohlen	58
Schlachtross	8
Schwarzwälder Kaltblüter	60
Shetland Pony	61
Shire Horses	34, 60
Shootisten	14
Sioux-Indianer	14
Sitting Bull	14
Sportpferd	59
Stadler, István und Lázló	19 f.
Stockmaß	56
Streitross	8

T
Tatanka Yotanka	14
Tellington-Jones, Linda	40
Tilt	10
Tinker	61
Tjost	10 f.
Trabrennen	57
Trakehner	59
Trickreiter	14
TT.E.A.M.	40
TTouch	40
Tunesien	45 ff.
Turnier	8, 10
Twain, Mark	16

U
Umpires	26
Ungarn	19

V
Verona	6
Vollblüter	56
Vollblutaraber	29 ff., 46, 56

W
Wagenlenker	7
Wagenrennen, Römische	6
Wappen	8
Warmblüter	56, 59
Welsh Pony	19, 22, 23
Westernpferd	35
Westernreiter	43
Widerrist	56, 61
Wiener Hofreitschule	58
Wild Bill	14
Wilder Westen	12
Wildwestshow	13, 16
Windhund, Arabischer (Sloughi)	46
Winkler, Hans Günther	34
Wolfszähne	5

Y, Z
Yukon Territory	50 f.
Zackel-Schafe	22, 23
Zahnbehandlung	53
Zahnpflege	50
Zirkus Knie	37
Zirkusarena	7
Zirkusprogramm	36
Zuchtprogramm	31
Zuchtverband	28

MENSCHEN-WELTEN-ABENTEUER

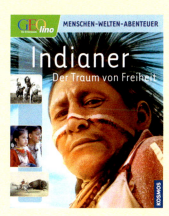
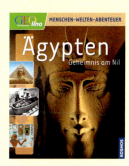

Indianer – Der Traum von Freiheit
ISBN 978-3-440-10942-7

- Warum trugen die Indianer Federn im Haar? Und haben sie wirklich Skalpe genommen? Ein spannender Streifzug durch das Leben und die Kultur der Indianer Nordamerikas.

www.kosmos.de

Ägypten – Geheimnis am Nil
ISBN 978-3-440-10803-1

- Pyramiden und Tempel, Gräber und Mumien, kunstvolle Bildschriften: Was verbirgt sich hinter den Hieroglyphen? Wie wurden die Pyramiden erbaut?

www.geolino.de

Raumfahrt – Aufbruch ins All
ISBN 978-3-440-10802-4

- Roboter buddeln sich durch Marsdünen und Sonden suchen nach neuen Welten. Aber wie funktioniert eigentlich eine Rakete? Und wo gibt es Flüsse aus Erdgas?

Wald – Von Tieren, Pflanzen, Urwaldmenschen
ISBN 978-3-440-10804-8

- Der Artenreichtum an Tieren und Pflanzen ist ebenso beeindruckend wie die Fähigkeit des Waldes, sich an ganz unterschiedliche Klimabedingungen anzupassen.

Jeder Band mit 64 Seiten, ca. 150 Abbildungen, ab 9 Jahren
Je €/D 12,95; €/A 13,40; sFr 24,90 (Preisänderung vorbehalten)

KOSMOS

Mehr Wissen macht viel mehr Spaß. GEOlino

Hören:

Entdecken:

Erleben:

Mehr sehen und einfach online bestellen: **geo-webshop.de**
Das Beste von GEO

Zu der Autorin

Die Autorin Gabriele Metz, geboren 1969, sitzt seit ihrem fünften Lebensjahr im Sattel. Sie führt einen kleinen Reitstall bei Düsseldorf, der ihren drei Pferden ein artgerechtes Zuhause bietet. Seit Abschluss Ihres Studiums kann sich die Journalistin und Fotografin voll und ganz ihrem Lebenstraum widmen: Interessante Reportagen schreiben und rund um den Erdball außergewöhnliche Fotos einfangen. Sie publiziert regelmäßig in Fachzeitschriften (Reiter Revue, Mein Pferd, Reiten Weltweit, Araber Weltweit, Fest im Sattel) und hat bereits mehrere Bücher im Kosmos Verlag veröffentlicht.

Gudrun Braun, geboren 1965, hat dieses Buch lektoriert. Sie ist seit 14 Jahren Lektorin im KOSMOS-Pferdeteam, betreut als Redakteurin Lehrfilme und schreibt selbst Ratgeber für Reiterinnen und Reiter.

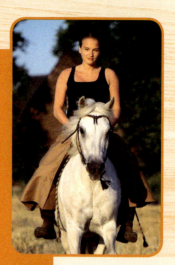

Bildnachweis

Abkürzungen:
o = oben; u = unten; l = links; r = rechts; die Ziffern beziehen sich auf die Buchseiten

Mit Fotos von:

Umschlag: Christiane Slawik/www.slawik.com; Gabriele Metz/Mülheim an der Ruhr/www.gabriele-metz.de: o.l.; Peter Ernszt/www.fotozauberteam.de: m.l.; Ramona Dünisch/www.Ramona-Duenisch.de: u.l.; Ariusz Nawrocki – FOTOLIA: U4

Bettmann/CORBIS: 5 o.m., 6 o., 15 l.; Corbis: 17 l., 17 u.r.; FOTO VINZENT, MÜNCHEN/www.fotovinzent.de: 5 r. 4 v.o., 26–27, 26 m.l., 26 o.m., 26 o.r.; Gabriele Kärcher/Kosmos: 41; Hans Günter Winkler: 4 l. 2 v.o., 34 o.l.; Jason Witherspoon/Design: 56–61 Hintergund; Johannes Fischnaller – kassai horseback archery school Austria: 21 u.r.; KOESTER AXEL/CORBIS SYGMA: 38 l.m., 38 m.; Leonard de Selva/CORBIS: 10 o.; Ludovic Maisant/CORBIS: 5 r.o., 44; Nasa/GSFC: 48 Hintergrund; National Portrait Gallery: 36 o.l.; Peter Ernszt/www.fotozauberteam.de: 11 o.r., 11 l.; Ramona Dünisch/www.Ramona-Duenisch.de: 27 l.m., 35 o.l.; 60 r.u.; snow-wons/FOTOLIA: 7; Stapleton Collection/Corbis: 6 u.l.; Steffen Thunert – FOTOLIA: 50 m.o.; Wikipedia/ D. F. Barry: 14 l.u.; Wikipedia/H. R. Locke: 14 o.; Wikipedia/Adrian Pingstone: 60 o.; Wikipedia/Andreas Tille : 6 u. 2 v.l.; Wikipedia: 15 u.r.; Zirkus Knie: 4 l.u., 36 l. 2 v.o., 36 l.m., 36 u.m., 37 l.u.;

Alle anderen Bilder wurden fotografiert und zur Verfügung gestellt von Gabriele Metz, Mülheim an der Ruhr/www.gabriele-metz.de.

Trotz gewissenhafter Bemühungen ist es uns nicht gelungen, alle Rechteinhaber zu finden. Wir bitten diese, sich gegebenenfalls mit dem Verlag in Verbindung zu setzen.

Impressum

Bibliografische Information der Deutschen Bibliothek
Die Deutsche Bibliothek verzeichnet diese Publikation in der Deutschen Nationalbibliografie; detaillierte bibliografische Daten sind im Internet über http://dnb.ddb.de abrufbar.
Gedruckt auf chlorfrei gebleichtem Papier

1. Auflage
© 2007 KOSMOS Verlag
www.kosmos.de, info@kosmos.de
© GEOlino im Verlag Gruner + Jahr AG & Co. KG, Hamburg
www.geolino.de

Alle Rechte vorbehalten
ISBN: 978-3-440-10802-4
Grafische Konzeption und Umsetzung:
Atelier Bea Klenk, Sabina Riedinger
Redaktion: Birgit Bramlage
Bildrecherche: Stefanie Vogt
Produktion: Angela List

Printed in Germany

Unser gesamtes lieferbares Programm und viele weitere Informationen zu unseren Büchern, Spielen, Experimentierkästen, DVDs, Autoren und Aktivitäten finden Sie unter www.kosmos.de.